EL MARIEL
Y LA IDENTIDAD NACIONAL
CUBANA

Colección {Essential}

Mercedes Cros Sandoval

EL MARIEL Y LA IDENTIDAD NACIONAL CUBANA

Ediciones Exodus

Eʟ Mᴀʀɪᴇʟ ʏ ʟᴀ ɪᴅᴇɴᴛɪᴅᴀᴅ ɴᴀᴄɪᴏɴᴀʟ ᴄᴜʙᴀɴᴀ
© Mercedes Cros Sandoval, 2019

© Imagen de cubierta: *Dry Feet, Wet Feet*. Bronce de Humberto Castro

Título original *Mariel and cuban national identity* (SIBI, 1986)
Traducción: César Salazar
Corrección de estilo: Ángel Velázquez Callejas

Primera edición: julio de 2018
Segunda edición: enero de 2019

© De la presente edición: Ediciones Exodus, 2019. Barcelona/Miami
    Editor: Ángel Velázquez Callejas
    Dirección de arte: Roger Castillejo Olán

Libro publicado con la colaboración del

Instituto Cubano de Ciencias Culturales de la Diáspora

ISBN-13: 978-1722283209
ISBN-10: 1722283203

Sumario

A España, África, Francia, Arawak y a cualquier otro ingrediente que haya adoptado la campechanería engendrada.

A ellos, campechanas y campechanos, donde quiera que estén, parias marginados de la usurpación del materialismo impersonal y deshumanizador. A *La Caridad* y al Caribe, cálido y afectuoso, siempre esperando.

En fin, a tío Rigo y a tía Marta —campechanos—, a tío Germán y a tía Lilia —gallegos—, quienes juntos con mis padres llenaron mi niñez de cariño.

EL MARIEL, CULTURA Y ADAPTABILIDAD

Mariel and cuban national identtity es un libro que publicó la editorial SIBI en mayo de 1986. Desde entonces, tras 32 años, el libro, publicado en inglés, ha permanecido casi en el anonimato. Las recientes emigraciones de cubanos desde los 90's hasta los días que corren desconocen el contenido de dicha obra, razón por la cual Ediciones Exodus, del Instituto Cubano de Ciencias Culturales de la Diáspora (ICCCD), lo pone en circulación por primera vez en castellano.

Sin alterar el orden expositivo de la edición anterior, *El Mariel y la identidad nacional cubana* sigue constituyendo una exposición de tipo académica sin renunciar a la escritura ensayística. Esta combinación de enfoque expositivo se traduce en el logro de un contenido factual lógico del objeto de estudio. En primer lugar, en la presente obra se mencionan las fuentes de los datos, a partir de los cuales se elaboran los objetivos y las hipótesis del tema. Segundo, y por añadidura, se delinean los acápites referentes a la identidad de los *Marielitos*, según las preguntas de la investigación sobre «quiénes son, cómo sobrevivieron en Cuba y cuál fue el *modus operandi* de acuerdo con la adaptabilidad en el exilio». Seguido de los pasos expositivos anteriores, el resultado de la indagación realizada por la Doctora MERCEDES CROS SANDOVAL cobra una suerte de vigencia en nuestro tiempo incalculable si nos atenemos al análisis de la inmigración legal e ilegal de cubanos y al diagnóstico de la *adaptación* de la identidad cultural en el exilio y la diáspora.

Desde luego, me satisface el grandísimo orgullo de escribir el prólogo a la edición en castellano de esta obra, cuya autora no solo es colega del ramo histórico-antropológico si no amiga. Si bien admiro todas las investigaciones realizadas por esta excelente antropóloga, cubana exiliada, juzgo importante confesar que me siento inclinado por la particularidad de esta, *El Mariel y la identidad cultural cubana*. Por consiguiente, explicaré de forma somera los pormenores. Si en los otros trabajos de la Doctora Mercedes el objeto de estudio gira en torno a la *adaptabilidad* de cultura afrocubana, esta obra se va a caracterizar por el estudio psico-histórico de la dinámica de adaptabilidad en un estudio de caso: la inmigración del Mariel y las consecuencias desestabilizadoras que trajeron los emigrantes cubanos en el habitad de las relaciones familiares donde fueron recibidos en Miami durante los primeros cinco años de la década del 80. Para conseguir estos objetivos es notable la sencillez de la escritura con la que se explican los acontecimientos para ser comprendidos por un grupo mayor —no especializado— de lectores.

Al respecto, para identificar el problema de la investigación, la Doctora Cros aduce que:

Ahora, en 1986, seis años después del *shock* inicial, cuando el *Dade County* está restableciendo su imagen anterior a Mariel, y la mayoría de los *Marielitos* ha logrado asimilarse, ha llegado el momento de reflexionar sobre la afluencia de Mariel. Ha llegado el momento de evaluar a los *Marielitos*, quiénes realmente eran, son ahora y lo que representaban; también, para evaluar la información que trajeron sobre la vida en Cuba que está tan dolorosamente entrelazada con sus experiencias. Es hora de analizar los grandes factores de *estrés* y pérdidas que provocaron sus mecanismos de afrontamiento inusuales y no tan inusuales. Más aún, ha llegado el momento de evaluar la capacidad del régimen comunista para incorporar, ideológicamente o no, a grandes segmentos de la población de la Isla a la esencia y objetivos de la vida revolucionaria. Es hora de evaluar si la Revolución ha sido o no capaz de desencadenar un proceso sincrético que combine las actitudes y valores de la cultura cubana anterior con ideologías extranjeras importadas, un proceso sincrético que, teóricamente, podría asegurar el surgimiento comprensivo global de la identidad nacional con la cual la mayoría del pueblo cubano podría identificarse y no solo soportar.

La adaptabilidad de la cultura en nuevos espacios es el tema central objeto de investigación, que para la Doctora Mercedes Cros Sandoval, constituye la espina dorsal mediante la cual todas las culturas emigrantes se debaten ante los factores de la condición humana que entran en juego: la subjetividad, la cosmovisión y la forma de adaptación de esta al medio como formas culturales. Este enfoque y método de la antropología clínica, que ve el mundo de los emigrantes en su forma psico-histórica, permite al problema de la adaptabilidad cultural que tome cuerpo narrativo en este libro como identidad de las culturas nacionales en otros sitios de inmigración.

La base empírica —los datos— del estudio la proporciona las entrevistas a los familiares de los *marielitos*, conformando una idónea estadística acerca del comportamiento según y las visitas de las familias cubana del exilio al «*Programa comunitario de Salud Mental* de las Unidades localizadas en el Área IV de Cuba y Puerto Rico, cuyas unidades estaban ubicadas en los vecindarios de *Allapattah* y *Wynwood* en Miami y que funcionaban como zonas de amortiguamiento entre la comunidad cubana al sur y la comunidad negra al norte».

Para resumir, una de las razones por las cuales el *ethos cubano* asume la estatura de una cultura adaptativa en otros lugares, lo prueba la capacidad de sobrevivencia y no asumir la cultura del atraso socialista. La Doctora Sandoval concluye al decir:

La Revolución no ha logrado hacer que los cubanos se identifiquen con las naciones del Tercer Mundo y desarrollen un nuevo *ethos* de acuerdo con la alineación del gobierno de Castro. Los informantes, que habían sido fieles seguidores de Castro, una y otra vez, comentaron amargamente: *El Tercer Mundo es un atraso, una mierda. De ahí no se saca nada.* A estas observaciones casi siempre siguió un comentario sarcástico sobre cómo se sienten los cubanos cuando Castro anuncia nuevas medidas de racionamiento necesarias porque ha donado un hospital o escuela secundaria a algún país «merecedor» del Tercer Mundo. Piensan que la alineación de Castro con el Tercer Mundo se debe solamente a su necesidad personal de gloria, poder y reconocimiento mundial. Creen que Castro siempre está dispuesto a sacrificar los intereses de Cuba por sus objetivos personales y por los designios de Rusia.

Queda claro que, *el Mariel* constituyó una desobediencia a la cultura de la imposición y demostró que, para el curso natural de la identidad nacional cubana, adatarse a nuevas circunstancias, aun fuera de sus límites naturales, es el reflejo de un largo obrar del sincretismo y la transculturación para cualquier fenómeno de adaptabilidad cultural.

Ángel Velázquez Callejas
Miami, junio de 2018

ABNJO
CASTRO

ABAJO CASTRO
DR. DANIEL
GERARD

I

INTRODUCCIÓN

El 4 de abril de 1980, el régimen comunista de Fidel Castro retiró de la Embajada del Perú, en La Habana, el equipo de seguridad como represalia contra la concesión de asilo a los ciudadanos cubanos. Unos días antes, Perú había otorgado asilo a seis desesperados cubanos que, usando un camión, irrumpieron sobre los terrenos de la Embajada causando un tiroteo que resultó la muerte de uno de los miembros de seguridad cubana e hiriendo a tres de los amotinados del camión.

El gobierno cubano anunció y difundió la inusual decisión de dejar la embajada peruana sin protección, mientras invitaba a los insatisfechos a buscar refugio si lo deseaban. A medida que las noticias se extendieron por toda la Isla, miles de cubanos intentaron ingresar a los terrenos de la Embajada. En menos de cuarenta y ocho horas, 10,800 personas tuvieron éxito. Ese evento fue interpretado por muchos observadores como la primera elección libre celebrada en la Cuba de Castro: «Los cubanos votan con los pies[1]», informó la prensa internacional.

A medida que pasaban los días, la difícil situación y el destino incierto de los amotinados aumentaban en la Embajada peruana. Los medios internacionales, con su consiguiente bombardeo noticioso, llenaron de publicidad negativa a Castro y su régimen. Mientras el mundo reaccionaba ante la crisis diplomática y humana causada por este incidente, los cubanos en Miami se regocijaron y

---

1 «Cubans vote with their feet». *Newsweek*, 2 de abril de 1980, p. 53.

percibieron el hecho en Cuba como una hazaña heroica, de aquellos que, exponiéndose a todo tipo de abuso físico y psicológico e incertidumbre, fueron repudiado por el sistema comunista, el mismo sistema que, en el pasado, había provocado el desarraigo doloroso y las diásporas después de 1959.

La atmosfera a favor del entendimiento de los cubanos en Miami por los sucesos en el Embajada del Perú siguió escalando, alimentado por la noticia negativa de la reacción internacional acerca de la crueldad de Castro[2]. El gobierno de Costa Rica, Perú, España y Estados Unidos ofrecieron asilo a muchas personas desafortunadas. Luego Castro, en un discurso improvisado, anunció la apertura del puerto norteño Mariel, un punto de embarque habilitado para los refugiados de la Embajada. También fue autorizado para ser utilizado por los cubanoamericanos en virtud de recoger a los familiares que querían abandonar la isla. El escenario se había establecido para la «flotilla de la libertad».

El gobierno de los Estados Unidos fue tomado por sorpresa y reaccionó de manera vacilante y confusa[3]. Los cubanoamericanos se apresuraron a buscar a sus parientes. Alquilaron y compraron botes, en muchos casos pagados mediante la adquisición de segundas hipotecas de sus casas o préstamos obtenidos de bancos, parientes o amigos. Al final, el Gobierno Federal de los Estados Unidos aceptó el dictado *de facto* de la política de inmigración cuando el presidente Jimmy Carter declaró el 5 de mayo de 1980: «Seguiremos brindando un corazón abierto y abriremos los brazos a los refugiados que buscan liberarse de la dominación comu-

---

2 Nielsen, John, Rohter, Larry y Whitmore, Jane. «Nations debate; Embassy crowds wait». *The Miami Herald*, 10 de abril de 1980, p. 1A (También en The Cuban Exodus, Special Reprint, 1980, p.3); Martínez, Guillermo. «Thousands jam embassy in attempt to flee Cuba». *The Miami Herald*, 7 de abril de 1980, p. 1A (También en The Cuban Exodus, Special Reprint, 1980, p.3).

3 Copeland, Ronald. «The Cuban boatlift of 1980: Strategies in federal crisis management». *Annals of American Academy of Political an Social Science*, mayo 1983, pp. 138-150.

nista»[4]. Las *flotillas de la libertad* trajeron a los Estados Unidos más de 125,000 cubanos sin previo análisis y sin documentación durante los meses de mayo, junio, julio, agosto y septiembre, cuando Castro abruptamente puso fin al éxodo.

Al principio, la comunidad cubana del *Dade County* estaba entusiasmada con la *flotilla*. Esta comunidad se había establecido económica y socialmente en un período de menos de veinte años. Se había ganado una reputación como comunidad exitosa orientada a los logros de una clase trabajadora, clase media de profesionales, técnicos, gerentes, etc., y con un número sustancial de empresarios muy exitosos. Los cubanoamericanos vieron la decisión de Castro el síntoma de la debilidad del régimen y se regocijaron por la publicidad adversa puesto que el éxodo masivo había provocado en los círculos internacionales. También esperaban que esta estampida humana hacia el exilio causaría una reacción negativa entre muchas personas insatisfechas en la Isla, las cuales no tenían a nadie para reclamar y sin la esperanza de ser recibidos en el exilio.

La comunidad cubana exiliada aclamó a esta generación de luchadores por la libertad como héroes. El hecho de que muchos refugiados del Mariel hayan nacido o se hayan criado en la Cuba Revolucionaria generó entusiasmo entre la comunidad de exiliados nostálgicos, anhelantes y llenos de culpa. Su «historia de éxito» económica y general no había debilitado su nostalgia; ni había disminuido la culpa de haber dejado atrás su patria, parientes, presos políticos y compatriotas en un mundo de opresión y escasez. Sintieron que la flotilla exponía al mundo entero el fracaso del comunismo de Castro. La elección de abandonar la Isla en los primeros años de la Revolución había sido acertada, no el cobarde acto de gusanos, como Castro calificaba a los que abandonaban a Cuba.

---

4 «U.S. Opens arms to Cuban exodus». *The Miami Herald*, 6 de mayo, 1980, p. 1A.

Los sentimientos de culpa y nostalgia se convirtieron en alegría cuando los cubanoamericanos vieron a jóvenes, muchos de ascendencia negra, llegar a las costas de Estados Unidos en busca de libertad. La presencia de un gran número de negros entre los *Marielitos*[5] hizo añicos la imagen que Castro tenía de los negros como apoyadores masivos de la Revolución que, según él, los libró de la opresión y la segregación de los tiempos prerrevolucionarios. La alegría, sin embargo, fue efímera. Pocas semanas después de que comenzara el Éxodo, se hizo evidente que Castro estaba usando la flotilla para aliviar las presiones sobre su régimen causadas por la baja tasa de empleo y el desempleo, la aguda escasez de viviendas y alimentos en general[6]. El descontento también se debió, en parte, a las visitas de cubanos con sede en Miami a la isla. A través de los llamados viajes de la comunidad, más de 100.000 personas visitaron la Isla en 1979. Llevaron a sus familiares y amigos de la isla todo tipo de regalos y, al parecer, un relato exagerado de la riqueza y la buena vida que disfrutaban en los Estados Unidos.

Pronto se hizo evidente, también, que Castro, que había caracterizado a los refugiados de la Embajada peruana como escoria, estaba empacando los botes con personas que recogían de las calles

---

5 En español, la terminación *ito* se agrega a las palabras para denotar algo pequeño y necesitado de protección. Por lo general, se agrega a los nombres de los niños y a los nombres que denotan grupos étnicos. Por lo tanto, al principio la palabra *Marielito* tenía connotaciones positivas, a diferencia de *Marielero*, que tenía un significado despectivo.

6 Durante los meses de enero, febrero y marzo de 1980 se difundieron en Cuba rumores sobre la inminente apertura de un puerto en el norte para iniciar un éxodo similar al que había comenzado el gobierno en octubre de 1965, cuando se abrió el puerto de Camarioca. Estos rumores recibieron la credibilidad de Castro, quien en un discurso el 8 de marzo de 1980, ante el Tercer Congreso de la Federación de Mujeres Cubanas, amenazó: «Una vez tuvimos que abrir el puerto de Camarioca… Creemos que esto es una prueba de la falta de madurez del gobierno de Estados Unidos para volver a crear situaciones similares». Antes de esta declaración, se había estado quejando del supuesto alentamiento de las salidas ilegales de cubanos de la isla por parte del gobierno de los EE. UU. En el *Resumen semanal de Gramma*, 16 de marzo de 1980, p. 4; «C.I.A.: Castro usa éxodo para refrenar descontento». *The Miami Herald*, 29 de diciembre de 1980, p. 6A.

(prostitutas, homosexuales y proxenetas)[7], de hospitales (enfermos mentales y terminales pacientes) y de las cárceles (delincuentes y no deseados). Castro incluyó a estas personas antisociales en el éxodo para desacreditar a las multitudes de la Embajada peruana, avergonzar y amenazar a la comunidad cubana exiliada, y también desafiar al gobierno de los Estados Unidos con este acto sin precedentes de falta de respeto a la ley y el orden internacional. Cuando los cubanoamericanos gozosos llegaron a Mariel para reclamar a sus parientes, las esperanzas se hicieron añicos, cuando, en la mayoría de los casos, solo algunos de los reclamados pudieron abandonar la isla[8]. En cambio, sus barcos estaban llenos de extraños y escorias. Mientras tanto, el *Dade County* se preparó para acomodar, lo mejor posible, la afluencia de la corriente de refugiados deseadas, no tan deseadas y no deseadas.

Conmoción, repulsión, distancia y desconexión comenzaron a surgir entre los exiliados establecidos, impulsados no solo por la presencia de estos elementos antisociales de la flotilla, sino también por la actitud exigente, ingrata y desconsiderada que exhiben algunos de ellos. Una y otra vez, las frases se repiten: «Estas personas no son como nosotros. Se ven diferentes. Actúan de manera

---

7   Es interesante notar que Castro admitió que todavía hay elementos «antisociales» en Cuba a pesar de sus afirmaciones anteriores de que la Revolución había eliminado todo rastro de prostitución, apuestas y demás.

8   Comunicación personal. Amigos de la autora alquilaron un bote para recoger a varios parientes que residían en la isla. Entre ellos había un hijo que era ingeniero, su esposa y sus hijos. Cuando la persona que alquiló el bote llegó a Mariel, le dijeron que su hijo no podía irse, porque era un profesional que le debía su carrera a la Revolución; su esposa y sus hijos, que caen en la categoría de «escoria», podían irse. Las negociaciones comenzaron entre el padre y las autoridades cubanas con respecto a la cantidad de dinero que el gobierno tomaría a cambio de su hijo. Ofreció $4.000, que era todo el efectivo que tenía, y, como rechazaron la oferta, tuvo que irse con la nuera y los nietos, pero sin el hijo. Más tarde, en Miami, el padre se acercó a los agentes de Castro, quienes le ofrecieron a su hijo un permiso de salida si les daba $15,000. Las negociaciones fueron fructíferas y al hijo se le permitió salir por Costa Rica. Esta odisea le costó a esa familia más de $30,000 en gastos (fletamento del barco, precio del rescate, pasaje y estadía en Costa Rica, etc.)

diferente. No son cubanos como conocemos a los cubanos. Piensan que merecen toda la ayuda que les hemos brindado y más». Los cubanoamericanos estaban teniendo dificultades para aceptar a estos cubanos cuyas estrategias de adaptación eran tan diferentes de las suyas. La distancia fue introducida por el conflicto de valores experimentado entre algunos de los *Marielitos* y del *Dade County*, específicamente en referencia a la autodisciplina, las actitudes hacia la privacidad, el trabajo y el dinero, y las expectativas de vida. Estas diferencias se debieron a los caminos dispares seguidos por los dos grupos cubanos mientras se acomodaban a las presiones de dos ideologías materialistas distintas: el capitalismo estadounidense y la libre empresa agraciados por recursos materiales aparentemente ilimitados por un lado y el comunismo tropical de Castro plagado de escasez, inconsistencia y opresión en el otro. Los cubanoamericanos culparon internamente a los *Marielitos* por romper el ideal romántico y la visión nostálgica que habían preservado tan arduamente de Cuba y los cubanos. La repulsión también se vio acentuada por la ola de crímenes que barrió en el *Dade County* y en la que los *Marielitos* participaron activamente. Esto causó la pérdida de respeto y la reacción negativa dañina a la comunidad cubanoamericana en el *Dade County* y en todos los Estados Unidos[9].

Sin embargo, a pesar de todo, la comunidad demostró la capacidad para ayudar a absorber a la mayoría de los recién llegados, mientras observaban con aprensión cómo algunos se dirigían al cementerio o prisión.

---

9 «F.B.I. Discovers some undesirables among flood of refugees from Cuba». *The Washington Post*, 29 de abril, 1980, p. 1A; «Some refugees suffer psychological problems». *The Miami Herald*, 1ro de mayo, 1980, p. 16A; «Three cases of leprosy». *The Miami Herald*, 17 de mayo, 1980, p. 1C; «Little Havana attacked by boatlift criminals». *The Miami Herald*, 18 de septiembre, 1980, p. 1A; Michelmore, Peter. «From Cuba with hate». *Reader's Digest*, diciembre, 1982, pp. 221-248.

A. Identificación del problema

Ahora, en 1986, seis años después del shock inicial, cuando el *Dade County* está restableciendo su imagen anterior a Mariel, y la mayoría de los *Marielitos* ha logrado asimilarse, ha llegado el momento de reflexionar sobre la afluencia de Mariel. Ha llegado el momento de evaluar a los *Marielitos*, quiénes realmente eran, son ahora y lo que representaban; también, para evaluar la información que trajeron sobre la vida en Cuba que está tan dolorosamente entrelazada con sus experiencias. Es hora de analizar los grandes factores de *estrés* y pérdidas que provocaron sus mecanismos de afrontamiento inusuales y no tan inusuales. Más aún, ha llegado el momento de evaluar la capacidad del régimen comunista para incorporar, ideológicamente o no, a grandes segmentos de la población de la Isla a la esencia y objetivos de la vida revolucionaria. Es hora de evaluar si la Revolución ha sido o no capaz de desencadenar un proceso sincrético que combine las actitudes y valores de la cultura cubana anterior con ideologías extranjeras importadas, un proceso sincrético que, teóricamente, podría asegurar el surgimiento comprensivo global de la identidad nacional con la cual la mayoría del pueblo cubano podría identificarse y no solo soportar.

II
BASE DE DATOS

En el momento en que se llevó a cabo el Éxodo de Mariel, la autora era directora del *Community Mental Health Program* para el Área IV de Cuba y Puerto Rico, cuyos centros de atención estaban ubicadas en los vecindarios de *Allapattah* y *Wynwood* en Miami y funcionaban como zonas de amortiguamiento entre la comunidad cubana al sur y la comunidad negra al norte. La mayoría de los residentes de estos vecindarios tienen un nivel socioeconómico medio-bajo. Las unidades ambulatorias cubanas y puertorriqueñas prestaron servicios a más de seiscientos pacientes no duplicados cada mes. La mayoría de los pacientes eran de origen cubano y puertorriqueño con un número significativo de centroamericanos, estadounidenses blancos y negros. Aproximadamente el 50 por ciento de los pacientes eran individuos que habían sido dados de alta de hospitales psiquiátricos y necesitaban servicios de atención posterior como medicamentos, apoyo, terapia, servicios de guardería, etc. El 50 por ciento restante de los pacientes eran personas que no tenían antecedentes clínicos previos, pero que estaban sufriendo los problemas causados por el choque cultural; es decir, crisis de identidad, ambigüedad de roles, ambivalencia psicológica, sensación de pérdida, falta de control, etc. Eran personas que experimentaban problemas de adaptación al intentar incorporarse a la sociedad estadounidense común.

Cuando comenzó el éxodo, un gran número de nuestros pacientes cubanos experimentaron ansiedad y depresión debido a las presiones causadas por su necesidad de recaudar dinero para alquilar botes para recoger a sus familiares en Cuba. Más tarde, cuando llegaron sus familiares, estos pacientes comenzaron a manifestar frustración, ansiedad y depresión, esta vez debido a los problemas que estaban teniendo al aceptar y ser aceptados por los recién llegados.

Nuestros pacientes estaban resentidos y se quejaban de los *Marielitos* a quienes consideraban irresponsables, desconsiderados, ingratos y demasiado exigentes. Dijeron que los *Marielitos* pensaban que merecían todo por el sufrimiento que habían experimentado bajo el gobierno comunista. Alegaron que los *Marielitos* eran incapaces de agradecer a los demás y de apreciar el gran sacrificio que muchos cubanos de Miami habían hecho para traerlos a Estados Unidos. Nuestros pacientes sostenían que los *Marielitos* eran débiles, no apreciaban el valor del dinero, no tenían deseos de trabajar, no sabían hacer nada y desconfiaban de todos. Pensaron que los *Marielitos* tenían expectativas poco realistas, esperando ganar salarios más altos de lo que sus habilidades justificaban; sintiendo que se aprovechaban de ellos si los salarios no estaban en línea con sus expectativas. Por otro lado, los *Marielitos* se quejaban de que los cubanos de Miami eran muy materialistas, solo pensaban en el trabajo, eran demasiado autosuficientes y, mientras visitaban la isla, habían exagerado las riquezas que disfrutaban en Miami. Esto estimuló la imaginación de los cubanos en la Isla hacia expectativas muy poco realistas.

La autora de esta investigación comenzó a entrevistar a los pacientes y a sus familiares recién llegados para obtener una mejor comprensión de la situación. *The Cuban mental Health United* desarrolló grupos de apoyo para acoger a los pacientes y tratarlo de la manera mejor efectiva con sus familiares. Los *Marielitos* fueron entrevistados, según su disponibilidad, en las casas de sus parientes, en parques, en las esquinas, ciudad de tiendas de campaña[10], en

10 La Ciudad de Miami, en un esfuerzo por resolver los problemas de vivienda de los refugiados y facilitar la prestación de servicios, construyó una ciudad de tiendas de campaña bajo la autopista I-95 en el área al este de la Pequeña

hoteles, etc. Posteriormente, la *Unidad de Salud Mental* comenzó a administrar un cuestionario diseñado para recopilar información sobre el alcance del alcoholismo entre los recién llegados, así como sus actitudes hacia la policía de Miami y la interpretación del concepto *libertad*.

La ayuda federal llegó a tiempo para ayudar al *Dade County* a lidiar con los problemas provocados por la afluencia de refugiados. En ese momento, el *Community Mental Health Center* recibió fondos con el objetivo de desarrollar programas específicos con los emigrantes del Mariel y Haití. La autora, entonces *Directora de Servicios Hispanos*, estaba a cargo de las dos unidades ambulatorias antes mencionadas y contribuyó a la creación de un programa especial para *Marielitos* que consistía en un componente ambulatorio, arreglos de vivienda de transición y servicios de guardería. Muchos de los empleados contratados para la prestación de estos servicios eran refugiados políticos que llegaron por el Mariel. Para llevar a efecto el programa, se contaba con tres psiquiatras, cuatro estudiantes de medicina de quinto año, un psicólogo vocacional, una enfermera y un chófer.

Servicios Hispanos proporcionó atención ambulatoria a más de setecientos cincuenta *Marielitos* no duplicados. La gran mayoría de los servicios se prestaron a pacientes sin antecedentes psiquiátricos previos. Eran personas que estaban experimentando un choque cultural y necesitaban servicios de información y referencia, orientación vocacional y apoyo general. Otros pacientes habían buscado ayuda psiquiátrica en Cuba para evitar las regulaciones gubernamentales que consideraban imprudentes, injustas o poco gratificantes (es decir, el reclutamiento en las Fuerzas Armadas, misiones a África, trabajo agotador en áreas rurales, etc.). La ayuda psiquiátrica en Cuba, según los informes de los pacientes del Mariel, consistían en proveer sedantes para tranquilizar las ansiedades.

Habana. Ver «Tent city will fold within a month». *The Miami Herald*, 3 de septiembre, 1980.

Los registros psiquiátricos de los pacientes llegados del exilio no reportaban la suficiente información para asociarlo en los Estados Unidos. Algunos de los pacientes, sin embargo, tenían historiales de cronicidad y habían sido hospitalizados justo uno meses antes del éxodo del Mariel. A estos pacientes se les ofreció mantenimiento de medicamentos; terapia, tratamiento diurno y, si era elegible, se le ofrecían arreglos de vivienda de transición.

Durante el período comprendido entre mayo de 1980 y marzo de 1982, la autora entrevistó, informalmente, 439 participantes cubanos. Las entrevistas fueron estructuradas con el fin de determinar las necesidades y considerarlas en el desarrollo del programa. También se diseñaron las entrevistas para identificar los patrones de conducta usados más frecuentemente al adaptarse a las condiciones de la isla. Tal información era importante en el desarrollo de las estrategias para facilitar su pronta asimilación en la vida en el *Dade County*.

Además, fue extremadamente informativo observar en las reuniones colectivas y en las presentaciones de casos, el conflicto que se produjo con las principales diferencias de opiniones con respecto a la evaluación clínica de los pacientes y de los enfoques terapéuticos recomendados. Estas diferencias reflejaban cosmovisiones conflictivas y las diferentes metas y objetivos del tratamiento que el personal de *salud mental* de diferentes antecedentes culturales aportaba.[11].

---

11 Los profesionales de la salud mental que llegaron a través del Mariel tuvieron dificultades para tratar con sociópatas. No los percibían como pacientes mentales que necesitaban tratamiento, sino como personas socialmente inadaptadas que merecían el castigo. En muchos casos, la modalidad de tratamiento que utilizaron fue diseñada para ayudar a los pacientes a enfrentar el problema en lugar de ayudarlos a obtener una idea de sus problemas. Al tratar con homosexuales, ayudaron al cliente a idear estrategias para engañar a otros sobre su preferencia sexual en lugar de apoyarlos en su proceso de autoaceptación. Además, tendían a ser muy autoritarios y directos con sus pacientes, lo que no era propicio para alentarlos a ser parte del proceso terapéutico.

El siguiente cuadro es el desglose de la muestra de 439 personas entrevistadas:

Profesionales	71	16,1%
Estudiantes	69	15,7%
Trabajo de oficina	24	4,4%
Granjeros	6	1,3%
Trabajadores calificados o semi-calificados	269	61,2%

Estas entrevistas informales fueron la base para la construcción de una guía de entrevistas diseñada para generar expectativas, configuración familiar, sistema de apoyo, factores estresantes diarios, etc. Esta guía se utilizó con 66 informantes, lo que permitió la recopilación de datos sobre temas específicos y también la exploración de otras preguntas en un esfuerzo por obtener información sobre orientaciones de valores profundamente arraigadas, patrones de comportamiento y estructura básica de la personalidad.

El siguiente cuadro es el desglose de la muestra de 66 informantes, lo que permite la recopilación de datos sobre temas específicos y también la respuesta a la guía de la entrevista:

Profesionales	14	21,1%
Estudiantes	17	25,7%
Trabajadores calificados o semi-calificados	26	39,3%
Amas de casa	2	3,0%
Granjeros	2	3,0%

La entrevista promedio duraron de dos a tres horas; un poco más, de acuerdo con la voluntad del informante y sus habilidades de comunicación. Durante el período correspondiente a los últimos cinco meses de 1983 y el primer mes de 1984, muchos de los informantes claves fueron nuevamente entrevistados[12] para determinar si la información proporcionada había cambiado o no y, de ser así, por qué. También se entrevistaron a nuevos informantes que habían llegado por Mariel (principalmente estudiantes universitarios) para ver si sus puntos de vista eran consistentes con los datos reunidos antes sobre la vida en Cuba *vs.* la vida en los Estados Unidos. Se realizaron grupos de confrontación con estos estudiantes para evaluar, en presencia de sus pares, la validez de la información brindada. Se hizo evidente que sus observaciones eran más nítidas y precisas que las de los informantes anteriores y que sus puntos de vista sobre los cubanoamericanos y la vida en los Estados Unidos eran más positivos, mientras que sus opiniones sobre la vida en Cuba eran incluso más negativas que las de los informantes anteriores.

---

12 Diecinueve informantes clave fueron entrevistados nuevamente. La información obtenida fue muy consistente con lo que habían informado antes. Hubo cambios, sin embargo, en la forma en que interpretaron la vida en los Estados Unidos. Muchos habían llegado a un acuerdo con la realidad y la necesidad de mantener un trabajo y ahorrar para poder sobrevivir. Informaron que la vida aquí era difícil y se quejaron del costo de la educación y los servicios de salud. Sin embargo, sintieron que venir a los Estados Unidos, a pesar de la decepción de expectativas poco realistas que no se realizaron, la decisión que tomaron fue la más positiva para sus vidas.

III

QUIÉNES SON LOS *MARIELITOS*

A. Evaluación Estadística

Los registros oficiales del *Departamento de Estado de EE. UU* indican que 124.779 personas fueron expulsadas de Cuba durante el período de abril a octubre de 1980. A pesar de la imagen negativa retratada por los medios oficiales cubanos y, en algunos casos, eco de la prensa internacional y estadounidense, la mayoría de los *Marielitos* deben ser considerados como representativos de la sociedad cubana. El Dr. Robert Bach[13], quien analizó los datos recopilados por el *Servicio de Inmigración de EE. UU*, los describe de la siguiente manera:

> Los llegados no eran la capa superior ni la capa inferior de la sociedad cubana, generalmente poseen niveles de educación y destreza superiores a la media de aquellos que permanecen en la Isla y casi lo mismo que aquellos que llegaron en la década de 1970.

Sin embargo, hay algunas diferencias importantes en el contexto socioeconómico entre este grupo y los que emigraron en la década de 1960. Según el Dr. Juan M. Clark[14], los *Marielitos* comparten características similares con aquellos cubanos que llegaron a los

---

13 Bach, Robert L. «The new Cuban immigrants: Their background and prospects». *Monthly Labor Review*, octubre, 1980, pp. 39-46.

14 Clark, Juan M. «The 1980 Mariel Exodus: An assessment and prospect». Monografía inédita, sin fecha.

Estados Unidos después de 1974. Él ilustra las diferencias entre los dos grupos en la siguiente tabla[15].

Exiliados 1959-1974[a]		Porcentaje	Éxodo del Mariel[b]
Profesionales, semi-profesionales gerenciales	22,2	7,1	Profesionales
		1,5	Gerenciales
Ventas y trabajo de oficina	27,8	1,0	Ventas
		6,1	Trabajo de Oficina
Servicios	8,7	10,2	Servicios
Calificados, semi-calificados no calificados	35,3	22,7	Artesanos
		14,1	Operador de máquinas
		11,2	Operador de transporte
		25,0	Obrero
Extractores: Agricultura, minería	6,0	1,1	Agricultores

Fuentes: a. Juan M. Clark, *The Exodus from Revolutionary Cuba (1959-1974) A Sociological Analysis*. Disertación en Doctorado de Filosofía, University of Florida, 1975. b. Muestra de 732 refugiados por la Brookings Institution en Eglin AFB, dirigida por el Dr. Robert Bach. Véase, por el mismo autor, «The New Cuban Immigrants: their Background and Prospects».

El Dr. Clark señala la continuidad de una tendencia ocupacional iniciada en la última parte de la década de 1970. Hay un aumento significativo de trabajadores manuales y una disminución en la proporción de la clase gerencial profesional en la población de Mariel. Clark también hace referencia a la reversión de las tendencias anteriores en la composición sexual. Entre los refugiados del Mariel, los hombres representan el 70,2 por ciento, mientras que en el éxodo anterior los hombres representaron solo el 42,1 por ciento. La categoría de edad también cambió drásticamente. La

---

15 Ibid. Ver Tabla 2, página 81a.

edad mediana para los del Mariel era más joven que los anteriores; 68,5 por ciento tenían menos de 36 años. Sin embargo, hubo una disminución en el número de personas menores de 18 años, que, en el grupo Mariel, fue solo del 20,1 por ciento; mientras que entre las llegadas anteriores fue del 33,5 por ciento. Hubo un mayor porcentaje de individuos solteros; 33,7 por ciento versus 5 por ciento en el primer grupo. También hubo una mayor proporción de divorciados; 10,7 por ciento versus 5 por ciento en olas anteriores de inmigración, lo que sugiere un mayor índice de desintegración de la familia cubana actual.

Según las estimaciones de Clark, los no blancos constituían del 20-40 por ciento del grupo Mariel. Esta tendencia era nueva, ya que los cubanos no blancos habían estado muy representados en el pasado, debido a las medidas gubernamentales diseñadas para evitar que los no blancos abandonaran la isla.

La gran mayoría, el 89,2 por ciento de los refugiados de Mariel, tenían algunos parientes o amigos en los EE. UU; mientras que el 28,5 por ciento tenía familia inmediata en este país. De acuerdo con la encuesta de Lasaga reportada por Clark, solo el 61 por ciento vino por propia iniciativa o fue forzado a irse por el régimen de Castro. Clark también informa que el 20 por ciento de los refugiados encuestados tuvieron que dejar a sus cónyuges, porque el gobierno no les permitió venir.

El historial penitenciario de los refugiados del Mariel, como se mencionó anteriormente, no es tan negativo como el descrito por Castro y expresado por la prensa. Según las cifras del Servicio de Inmigración y Naturalización citadas por Clark, solo un total de 1.761 personas (que representan el 1,4 por ciento de los nuevos inmigrantes) fueron clasificados como delincuentes (condenados por asesinato, robo, violación), un adicional de 23.927 o 19,1 por ciento de las llegadas fueron colocados por el Servicio de Inmigración y Naturalización en las categorías combinadas de delincuentes y presos políticos. Según Clark, solo 2.000 deberían caer en esta categoría. El problema surge de una pregunta sobre el significado de un récord de prisión en Cuba. Tanto Bach como Clark señalan que la ley cubana clasifica como criminal, actividades que en los EE. UU son perfectamente legítimas, como comprar y vender comida y ropa de vendedores privados, negarse a hacer trabajo «voluntario» o trabajo agrícola, vagabundeo e intentos de dejar la isla.

La evaluación de los refugiados hecha por el Dr. Bach[16], basada en sus antecedentes socioeconómicos, fue que la mayoría de estos refugiados encontrarían un empleo autosostenible dentro de un período de tiempo relativamente corto dentro de la clase obrera cubanoamericana. Este ha sido, de hecho, el caso.

B. Los Marielitos, una evaluación actitudinal.

Los *Marielitos* también pueden ser clasificados de acuerdo con las razones que motivaron su llegada a los Estados Unidos, su disposición a estar aquí y su potencial para adaptarse al nuevo medio.

1. *Los Rezagados.* Esta categoría representa individuos que fueron reclamados por parientes en Miami. Eran personas que nunca habían aceptado la Revolución y que, por diversas razones (niños, servicio militar, encarcelamiento, etc.), no habían podido abandonar la Isla anteriormente. Un estudiante de diecinueve años sirve como un ejemplo de este grupo:

Tenía diecinueve años cuando comenzó el éxodo de Mariel. Aunque nací durante la Revolución, mis padres siempre me confiaron su rechazo. Ellos me criaron como católico. Siempre supe que no encajaba allí. Yo, por supuesto, actué en mi papel y nunca me metí en problemas. La mayoría de la gente no sabía cómo nos sentíamos mi familia y yo, a pesar de que fuimos a la Iglesia en ocasiones. Un día, en la escuela, la maestra nos instó a unirnos a Domingo Rojo y hacer un trabajo voluntario extra en memoria de Marx y Lenin. Todavía no sé por qué le dije a la maestra: «¿Por qué debería hacer

---

16 Bach, op. Cit., pp. 44-45.

algo por ellos? Se han ido. Nos dijiste que los humanos somos solo materia. Si ese es el caso, son materia desintegrada. Sus espíritus no existen. ¿Por qué debería honrarlos?» Tuve mucha suerte porque la maestra me llevó aparte y me dijo: «¿Estás loco? ¿Vas a discutir con la Revolución? Por favor, guarda silencio. Eres demasiado joven para pudrirte en la cárcel». Me di cuenta de todo, asentí, pedí ir al baño y lloré.

2. *Los Desencantados*. Esta categoría incluye individuos que fueron actores dispuestos en la experiencia revolucionaria pero que se desilusionaron porque perdieron su favor o porque sintieron que la Revolución no había cumplido sus promesas iniciales de progreso, libertad e igualdad. Los comentarios de una estudiante de veintiún años son ilustrativos:

> Fui criada por la Revolución, mi padre era miembro del Partido Comunista. Vivimos bien, en una bonita casa en La Habana con coche y chófer. Mi padre siempre me compraba buenos zapatos y ropa italiana. A mi hermana, mi madre y a mí nunca nos faltó nada. Luego mi padre murió, y perdimos todos nuestros privilegios. Tuvimos que vivir como el resto de la gente. En ese momento conocí a mi esposo que era un *gusano*, y cuando su familia lo reclamó, vine.

Un recuerdo de un técnico de cuarenta y cinco años refleja un desencanto similar:

> Al principio y durante algunos años trabajé con entusiasmo para la Revolución. Fui a mítines, me uní a organizaciones de masas, hice trabajo voluntario. Cuando las cosas se pusieron mal, me dije a mí mismo y a los demás: «Estos son solo errores que se corregirán con el tiempo». Entonces, año tras año, mantuve mis ojos y oídos cerrados y aclamé a la Revolución. A veces, cuando estaba solo en el baño, me sorprendí encontrarme maldiciendo a la Revolución. Solía tener miedo de mí mismo. Luego vino *la comunidad* y con

ella mi hermano, a quien no había visto en diez años. Mi hermano era más joven y menos habilidoso, mientras que yo me sentía viejo, agotado y amargado. Entonces, me pregunté si valía la pena, si la gente de Castro sabía lo que estaban haciendo, si eran mentirosos usándonos para su gloria y poder. Cuando llegó mi oportunidad, no lo dudé, entré en la Embajada. Algunos de los miembros de *los desencantados* estaban muy confundidos. Después de todo, habían aceptado la Revolución y habían colaborado voluntaria y activamente en ella. Algunos sufrían conflictos ideológicos, ya que su desencanto con la Revolución era más pragmático que moral. Reflejaban mucha ambivalencia mezclada con culpa e ira. De todos los que abandonaron la isla, *los desencantados* fuimos el blanco principal de la rabia del sistema cubano. Recibieron todo tipo de abuso por parte de las turbas incitadas[17].

Un estudiante de dieciséis años da cuenta de la paliza a muerte por sus propios estudiantes de un maestro que anunció su intención de abandonar la isla:

La noticia era que el profesor, el Sr. G., había sido reclamado por sus parientes y se iba. En todas partes, los líderes de la juventud comunista y algunos maestros comenzaron a llamarlo un traidor e instaron a los estudiantes a hacer un ejemplo de él. Nosotros, los estudiantes, teníamos miedo, pero en Cuba la gente no piensa; haces lo que te dicen para estar a salvo. A los estudiantes les habían dicho que el profesor tenía que volver a la escuela por última vez. Cuando

---

17 Williams, Dan. «One family: In Havana, they cower from wrath of neighbors». *The Miami Herald*, 22 de abril, 1980, p. 1A (También en The Cuban Exodus, Special Reprint, 1980, p. 5); «Obligan a una cubana a recorrer las calles de la Habana con un cartel infamante colgado al cuello». *Diario de las Américas*, 22 de mayo, 1980, p. 10; «Mini-rallies jeer Cubans waiting to join exodus». *The Miami Herald*, 23 de mayo, 1980, p. 24A. El sobrino de la autora fue atacado por una turba cuando intentó ingresar a la Embajada del Perú. Le rompieron uno de sus dientes. La casa del tío de la autora fue asaltada dos veces mientras esperaba obtener el permiso de salida.

llegó, los incitadores comenzaron a decir: «Démosle un mensaje a estos traidores, demostrémosles cómo la Revolución se ocupa de los traidores y vende patrias». La gente comenzó a patearlo por las calles durante varias cuadras hasta que murió.

3. *Los Embullados.* Esta categoría incluye personas que no estuvieron ni a favor ni en contra de la Revolución. Sin embargo, al igual que los desencantados, quedaron cegados por la aparente afluencia y el bienestar de los cubanoamericanos que visitaron Cuba durante *los viajes de la comunidad.* Para algunos, habiendo estado expuestos al contraste, habiendo obtenido acceso a un nuevo punto de referencia, estas visitas trajeron una conciencia de que la vida en Cuba es como «pudrirse vivo». Por lo tanto, cuando llegó la posibilidad de ingresar a la Embajada, embarcarse en un bote o incluso obtener un permiso de salida por autoacusación de desviaciones sexuales u otras desviaciones sociales, aprovecharon la oportunidad y vinieron. Eran parte de la *fiebre de entusiasmo* generada en Cuba por las visitas de la comunidad exiliada a Cuba y por Mariel. Se fueron de Cuba porque no tenían nada que perder. En general, sin embargo, la gran mayoría de los entrevistados, en un momento u otro, comentaron que su vida en Cuba era tan inútil que cuando llegaron las posibilidades de irse, simplemente la tomaron.

Una mecanógrafa de cincuenta y dos años comenta lo siguiente:

La vida en La Habana es un lastre. No hay nada agradable que hacer, sino pasar trabajo; esperando un autobús, esperando en fila, el chanchullo para esto y lo otro. Luego mi prima nos visitó desde Miami y me trajo hermosos regalos, algo que había olvidado que existía. Estaba agradecida pero un poco envidiosa; Sentí que necesitaba algo más en mi vida para hacerla agradable y que valiera la pena. Más tarde, cuando comenzó el éxodo y mi madre me dijo que mi prima había enviado un bote para recoger a sus padres y a su hermano, y que también había incluido nuestros nombres en la lista, no dudé. Fui parte de la fiebre que barrió Cuba. Dejé a mi madre atrás, que no pudo irse porque mi hermano estaba comprometido por la Revolución. Solo quería tener algo por lo que vivir. No pensé que en Miami extrañaría a mi madre y a la familia de mi hermano, que podría enfrentar problemas para conseguir un trabajo; Solo quería huir de la ruina.

Otra estudiante de diecinueve años recuerda:

Mi padre, mi hermano y yo vivíamos en la misma casa con mi tío, su esposa y tres hijos. La familia de mi tío era *Comecandelas*, un término usado para personas que están incondicionalmente comprometidas con la Revolución. Mi tío y su hijo eran portadores de tarjetas del Partido. Entonces mi tía vino de Miami para visitar a nuestra abuela, y ella trajo una chaqueta a mi primo mayor. No fue a ver a mi tía a la casa de mi abuela, pero ella se la envió de todos modos. Cuando a primera hora de la tarde llegó a casa y vio la chaqueta, dijo: «¿Qué es esto?» «Un regalo de tía», le dije. «No lo quiero», gritó y fue a su habitación. Más tarde esa noche lo escuché llorar y gritar, «esto es toda una mierda, toda una gran mentira. Me han mentido». Fue uno de los hombres que ingresaron a la Embajada del Perú; dejó a todos atrás…

Una mujer informante de cincuenta años confía lo siguiente:

La familia de mi ex marido son todos comunistas. Nunca pude aceptar la revolución. A pesar de que mi esposo no era un comunista de línea dura, los problemas matrimoniales fueron causados por el choque ideológico. Tuvimos dos hijos que disfrutaron de muchos de los privilegios de la nueva clase. Uno de ellos visitó Europa del Este, y cada vez que mi esposo o su familia viajaban al extranjero, les traían buenos regalos, ropa y zapatos. Mis hijos eran muy conscientes de los sentimientos que tenía contra la Revolución. El mayor, sin embargo, era muy cercano a su padre y la familia de su padre. Luego, mi hermana vino de visita desde Miami y trajo una gran bolsa con todo tipo de ropa para mis hijos y para mí. Ese día fue como veinte años de Navidad en un día. Esa noche escuché a mi hijo mayor discutiendo con mi esposo: «Maldito bastardo, llevabas ropas agradables y una vida agradable cuando eras joven. Me lo estás negando por el poder y la gloria de tu Revolución». Dos años después, cuando ocurrió el incidente de la Embajada del Perú, mi hijo y su esposa (una joven mujer cuya familia estaba integrada en la Revolución) entraron a la Embajada. Cuando me enteré, mi hijo menor y yo hicimos lo mismo.

4. *Los Secuestrados*. Esta categoría incluye personas forzadas a los botes por el régimen de Castro. Muchas de estas personas nunca soñaron con venir a Miami y no tenían familiares en los Estados Unidos. Por ejemplo, un hombre de treinta y ocho años de origen campesino recuerda:

Vivía en la granja que solía ser de mi abuelo con mi esposa, mis tres hijos, la familia de mi hermano y mi padre y mi madre. Pescaba para vivir y ayudaba a los demás con el trabajo agrícola. Cuatro años antes de Mariel, fui sentenciado por haber matado un ternero. Me dieron diez años, pero después de dos años me dejaron ir por buen comportamiento mientras estaba en prisión. Unos días antes de Mariel había matado a un cerdo. Una noche vinieron por mí y me llevaron a la estación de policía. Allí, me dijeron: «Vamos a ser amables contigo. Vamos a cumplir tu sueño dorado». «¿Qué es eso?» Yo pregunté. Me dijeron: «¿Quieres ir a prisión o a Miami?» «A Miami», dije. Como vivía cerca de Mariel, unas horas más tarde estaba en el bote rumbo a Miami, y dejé toda mi vida atrás, ya que ni a mi esposa ni a mis hijos se les dijo dónde me enviaban.

Este informante fue recogido por miembros del personal de la Unidad de Salud Mental en el patio de la iglesia de San Juan Bosco, donde había estado durmiendo durante varias noches.

Había estado en Miami por más de un año y no había tenido noticias de su familia, posiblemente porque no tenía dirección de vuelta o porque tenían miedo de responderle. Estaba totalmente desorientado en el momento en que lo recogimos, completamente paranoico y delirante. El personal le proporcionó comida y ropa y le encontró un lugar para dormir. Después de varias semanas de tratamiento, se estabilizó y contó su historia a la autora. Este hombre nunca había tenido ningún historial de enfermedad mental en Cuba, pero había sido arrestado y secuestrado por haberse atrevido a matar a un cerdo criado en la granja de su abuelo, una granja que nadie podía hacerle entender que ya no era suya. Lo alentamos a que le escriba a su esposa y usara la dirección de la clínica. Él lo hizo, pero ella no respondió.

Una señora mayor de sesenta años que había sido referida a la Clínica preguntó al salir: «¿Dónde está la parada de la guagua que va a Marianao?» Esa señora había sido sacada de un hospital psiquiátrico y puesta en el bote[18].

5. *La Escoria*. Esta categoría incluye delincuentes convictos, prostitutas, proxenetas y estafadores de todo tipo que fueron recogidos en las cárceles o de las calles y embarcados a Miami. Entre ellos había una gran cantidad de individuos incondicionalmente antisociales. Muchos de ellos jugaron un papel decisivo en desencadenar una ola de homicidios en Miami cuando las pandillas rivales de la cárcel llevaron a cabo sus venganzas el uno contra el otro.

La mayoría de los residentes de las viviendas de transición del programa de salud mental, que establecimos para los refugiados de Mariel, habían estado en la cárcel. La mayoría de estos indivi-

---

18 La evidencia es abundante de los abusos experimentados por los pacientes mentales que fueron enviados en barcos sin preocuparse por su seguridad. Ver «Some refugees suffer psychological problems». *The Miami Herald*, mayo 1980, p. 16A. En octubre de 1980, la Asociación Estadounidense de Psiquiatría expresó su preocupación por el tratamiento inhumano dado a los pacientes mentales hospitalizados que fueron enviados en la flotilla sin consideración por ellos o sus parientes.

duos exhibieron el comportamiento típico de la cultura carcelaria: indisciplinados, resentidos, altamente agresivos (verbalmente y físicamente), manipuladores, ladrones perennes, etc. Tales individuos fueron muy visibles durante el primer año después de la flotilla. Algunos de ellos aún viven vidas marginales en el centro de la ciudad o han ido a la cárcel.

Muchos de los residentes en la vivienda de transición del programa *Community Mental Health* de *New Horizons* nos dijeron que las autoridades cubanas se lo dijeron de manera simple: «¿Quieres quedarte en prisión unos años más o ir a Miami?» A otros que habían sido liberados se les preguntó: «¿Quieres volver a la cárcel o ir a Miami?»

IV

SUPERVIVENCIA EN CUBA

Durante los últimos veinticinco años la vida en Cuba ha cambiado notablemente debido a la imposición de un sistema totalitario ajeno a los valores tradicionales de la gente. Este sistema usa medidas físicas y psicológicas de coerción para controlar cada movimiento de cada residente de la isla. El control es tan exhaustivo que no deja ningún aspecto en la vida del individuo sin restringir por alguna institución u organización del gobierno. Tiene tal impacto en el individuo que, según lo informado a la autora y a Clark[19], las personas se convirtieron en los censores y represores siempre vigilantes de su propio comportamiento.

El pilar ideológico de este sistema es el Partido Comunista de Cuba, que se encarga de la enunciación e interpretación dogmática de toda ideología aceptada. Como en otras sociedades comunistas, la línea del partido es la base dogmática del adoctrinamiento revolucionario, la filosofía educativa, la contabilidad histórica, la interpretación y difusión de noticias, la expresión artística, la participación atlética e incluso la explicación del verdadero significado de la existencia. La vida, según la Cuba oficial, tiene significado en términos de ideología revolucionaria. El Partido Comunista de Cuba es el único partido político legal. Controla todas las actividades políticas de la isla. En la línea del comunismo

---

19 Clark, Juan M. y Figueras, Juan A. *Totalitarian Repression in Cuba*. Monografía sin publicar, sin fecha, pp. 49-51.

ruso, es un partido altamente elitista con un ápice estrecho de poder bajo Castro. La membresía en el Partido es un honor que otorga todo tipo de privilegios y oportunidades.

El régimen comunista también depende de varias instituciones y organizaciones que están directamente involucradas en actividades represivas. La policía estatal *Seguridad del Estado* responde directamente a Castro y está a cargo de su seguridad personal. La *Seguridad del Estado* tiene acceso a información sobre la vida de cualquier persona, incluyendo información personal e incluso informes psiquiátricos. La minuciosidad de sus métodos de investigación se corresponde solo con las infames medidas represivas que utiliza con personas consideradas peligrosas para el sistema. La represión incluye todo tipo de horror psicológico (arresto sin causa, hostigamiento, ejecuciones falsas), así como abuso físico y tortura (encarcelamiento en celdas pequeñas, expuestas a calor o frío excesivos).

La Dirección General de Inteligencia. Esta agencia está a cargo de actividades de espionaje y contraespionaje y también de monitorear cada movimiento realizado por cubanos que viajan al exterior en misiones atléticas, técnicas, artísticas u otras.

Los Comités de Defensa de la Revolución. Estos comités existen en cada vecindario, y hay uno asignado a cada bloque. Ellos están a cargo de organizar el trabajo voluntario como limpieza de calles, asambleas, campañas de donación de sangre, vacunas preventivas, etc. Además de este trabajo comunitario, están a cargo de la propaganda local, organizando la movilización masiva para mítines políticos y patrullando su propio bloque. Están facultados para buscar en cualquier casa, bolsa, paquete o individuo si, por alguna razón, creen que podrían estar ocurriendo algunas actividades ilegales (mercado negro, comportamiento contrarrevolucionario, etc.). También se encargan de «limpiar» individuos y otorgar referencias de carácter para documentos oficiales, promociones, etc. Estos comités, como dijo un informante, «son los ojos de la Revolución en la puerta de su casa».

Por lo tanto, el sistema ha creado un estado institucionalizado de crisis, incertidumbre, desarraigo, pérdida, separación, terror y choque cultural que ha resultado en la destrucción de algunas de las instituciones y valores centrales de la antigua cultura cubana, mientras debilita a otros de manera precaria. Esto ha causado sentimientos prevalecientes de falta de control, desesperación, alienación y desesperanza en grandes segmentos de la población.

Para sobrevivir en Cuba, para satisfacer las necesidades básicas mínimas, uno debe involucrarse en ciertos ajustes estratégicos: (A) estar en el sistema, (B) resolver problemas fuera del sistema, y (C) protegerse del sistema.

A. En el sistema

Como la Cuba de Castro es una sociedad totalitaria bajo el gobierno de un solo hombre, donde se permite un partido político, con un solo empleador, proveedor, educador, sanador y voz política[20], toda persona tiene la necesidad de estar de alguna manera *en* el sistema. El gobierno «controla todos los niveles de la actividad humana, incluida la economía, las artes, la religión y la recreación»[21]. Bajo tales condiciones, el gobierno es el único proveedor de todos los bienes y servicios esenciales necesarios para sobrevivir.

1. Condiciones de vida. Las condiciones de vida en Cuba son muy escasas. Las cifras de ingreso per cápita ubican a Cuba en el fondo de las naciones del Tercer Mundo. El Banco Mundial clasifica a Cuba como una nación de «ingreso medio bajo», el 68° de 125 países en el mundo, con alrededor de $1,000 por año de ingresos por persona[22]. Aunque la distribución del ingreso es más equitativa que antes de la Revolución, en 1973 el 10 por

---

20 Ibid, Clark, p. 1.

21 Ibid, p. 4. Para más información en este tema ver Clark, Juan M. y Figueras, Juan A. *Cuba's Totalitarian Economy*. Monografía sin publicar. Ver también *Resúmen de Entrevistas con cubanos*. Miami: Agrupación Abdala, 1979-80.

22 «Life in Cuba today». En «The Cubans, a people changed, Special Report». *The Miami Herald*, 18 de diciembre, 1983, p. 12M.

ciento más rico ganaba aproximadamente 100 veces más que el 10 por ciento más pobre. La mala gestión y el uso de recursos para subsidiar una carrera de armamentos y aventuras revolucionarias en el exterior son las razones aparentes de las escasas condiciones del consumidor cubano. Sin embargo, muy pocos cubanos, si los hay, son completamente indigentes, y la atención médica y la educación son gratuitas[23].

Las condiciones de vida son deplorables en la mayoría de los casos. La escasez de viviendas es tan aguda que la superpoblación, las condiciones de los barrios marginales y el deterioro de las unidades de vivienda existentes son rampantes. Las políticas del gobierno han convertido a Cuba en un país de propietarios (78 por ciento de la población), y los que alquilan pagan solo el 10 por ciento de su salario durante un período de veinte años, cuando se les entrega la propiedad. Sin embargo, la escasez de viviendas y las condiciones de las existentes son deplorables.

Según *Recarte*[24], a fines de la década de 1950 se estimaba que debían construirse 28.000 viviendas y apartamentos anualmente para satisfacer las crecientes necesidades de la población. En 1975 Castro anunció que, después de quince años en el poder, el número promedio de nuevas viviendas/apartamentos construidos era de12.500 por año. Por lo tanto, el déficit de vivienda es endémico a pesar de los cientos de miles de cubanos que abandonaron sus hogares al huir de la isla, un proceso alentado por el gobierno que, en muchos casos, facilitó la salida de los propietarios para tomar el control todas sus posesiones[25].

---

23 Ibid. «Life in Cuba today», p. 12M.

24 Recarte, Alberto. *Cuba: Economía y Poder* (1959-1980). Madrid: Alianza Editorial, 1980, p. 116.

25 Un joven estudiante de arquitectura de la Universidad de La Habana, de veinticinco años, informó a la autora que una tesis de grado presentada allí en 1980 trataba sobre las necesidades de espacios de oficina del nuevo gobierno local *Poder Popular* y cómo adaptar las casas a esas necesidades.

Este déficit de vivienda resulta en la subdivisión constante de las unidades existentes; por ejemplo, para dejar espacio a una hija o hijo recién casados que no puede conseguir alojamiento en otro lugar. Con frecuencia, las personas divorciadas tienen que permanecer en la misma vivienda, porque no hay otro lugar para donde ir. La escasez de viviendas también ha causado el crecimiento endémico de grandes áreas marginales dentro y alrededor de prácticamente todos los pueblos y ciudades[26]. Como los materiales de construcción no están disponibles, las viviendas no se reparan durante años, una práctica que contribuye a un mayor deterioro. Las nuevas unidades construidas por el gobierno se deterioran muy rápidamente debido a la mala calidad de los materiales utilizados en su construcción[27].

Los servicios públicos esenciales también son muy pobres. Los apagones son parte de la vida cotidiana; ocurren casi todos los días. En la mayoría de los casos, el gobierno anuncia de antemano las áreas que se verán afectadas para permitir que las personas tomen las precauciones necesarias. Los vecindarios selectos donde viven los funcionarios gubernamentales de élite y los dignatarios extranjeros no se ven afectados por estos constantes apagones. La escasez de agua también es endémica[28], como lo es la escasez de combustibles esenciales como queroseno, gasolina y carbón.

El transporte en Cuba es difícil. Casi todos dependen de autobuses públicos que están en malas condiciones, superpoblados y atrasados. Solo la élite tiene acceso a automóviles privados, normalmente Fiat, VolksWagen, Lada, Skoda, Moskvitch, Renault y Toyota. Algunas reliquias de la década de 1950 todavía son utilizadas por aquellos propietarios afortunados que luchan por

---

26 Un informante de 23 años manifestó que uno de los peores barrios marginales es *Palo Cagado* en Mariano, La Habana.

27 Otro informante informó que el desarrollo de la vivienda en Alamar está en ruinas debido al uso de materiales de construcción de mala calidad.

28 Según los informantes, en partes de La Habana, los *aguateros* se ganan la vida vendiendo agua.

mantenerlos en funcionamiento, confiando en el ingenio mecánico cubano para construir piezas de repuesto. Un auto viejo en Cuba puede venderse por 10.000 pesos (moneda cubana).

2. La Libreta de Abastecimiento. Es la puerta oficial a las tiendas administradas por el gobierno donde el individuo puede obtener, cuando esté disponible, a un precio razonable, los artículos asignados a él o ella por la regulación gubernamental, que siempre están en cantidad restringida y de calidad dudosa[29]. Los montos de los artículos varían, pero normalmente la *libreta de racionamiento* autoriza al propietario a comprar cada mes de dos a cuatro libras de arroz (la cantidad fluctúa según la disponibilidad), cuatro libras de azúcar, una libra y media de manteca de cerdo y catorce onzas de frijoles. Cada persona tiene derecho a comprar tres cuartos de libra de carne cada once días y dos libras de pollo cada quince días[30]. A menudo sucede que, después de pasar cuatro o cinco horas en una fila frente a la tienda para comprar un producto al que se tiene derecho, el producto se agotó cuando llega el turno. En ocasiones, un artículo en particular puede colocarse *por la libre*, lo que significa que uno puede comprar tanto como desee. Estas situaciones obligan al consumidor a estar siempre alerta para obtener un suministro mínimo de bienes.

Desde 1979, el gobierno también ha creado un «mercado paralelo», abriendo algunas tiendas donde se puede comprar cualquier artículo sin restricciones, pero cinco veces más caro que la contraparte racionada. El mercado paralelo ha sido denominado el «mercado rojo», ya que es el mercado negro controlado por el gobierno.

---

29 Según un informante, la *Libreta de racionamiento* es «la espada de Damocles», que pende sobre la cabeza de cada cubano, ya que, si por algún motivo, como en el caso de Padilla, uno se ve privado de él, uno está condenado a morir de hambre.

30 La cantidad de alimentos asignados a las personas que viven fuera de la capital es aún menor. El pollo y la carne se alternan de acuerdo con la disponibilidad.

3. Educación. La educación primaria y secundaria básica hasta el noveno grado es gratuita y obligatoria. Después de graduarse de la educación secundaria básica, el individuo tiene dos opciones: dejar de estudiar por completo, lo que puede implicar estar desempleado durante varios años, u optar por educación técnica o programas preuniversitarios.

Los estudios preuniversitarios comprenden los grados 10, 11, 12 y 13. Las buenas calificaciones, las buenas conductas y actitudes revolucionarias son los criterios de admisión. Después de concluir los estudios preuniversitarios se aplica a la Universidad, identificando cinco opciones de carrera. Lo más probable es que uno sea admitido en la Universidad, pero no en la carrera de primera elección.

Algunas opciones de carrera (como Economía, Derecho, Humanidades y Derecho Internacional, así como becas para estudiar en países de Europa del Este) están restringidas a estudiantes con probada militancia revolucionaria. Los estudios de derecho se reiniciaron a mediados de la década de 1970. Antes de eso, el gobierno había considerado innecesario tener abogados en una sociedad socialista. La admisión a la Facultad de Medicina varía según la demanda internacional y la conveniencia del gobierno. El gobierno cubano presta médicos a algunas naciones del Tercer Mundo que pagan un salario en dólares ($) al gobierno cubano, que se lo embolsilla mientras paga a los médicos un salario exiguo en *pesos*.

Muchos jóvenes reciben *becas* (incluyendo alojamiento y comida) cuando ingresan a los estudios secundarios básicos, algunos incluso cuando están en la escuela primaria. La mayoría de estos becados se envían a escuelas del país donde tienen un horario estricto, dedican cuatro horas al día al salón de clases, cuatro a actividades agrícolas y tres horas a las tareas en casa.

Aquellos que van a la escuela en la ciudad o pueblos también tienen que proporcionar trabajo agrícola voluntario por cuarenta y cinco días o tres meses al año en un programa que comienza en la escuela secundaria básica. Muchos de mis jóvenes informantes se quejaron de que había una supervisión deficiente durante su estancia en el campo y que, en algunos casos, las niñas y los niños fueron alojados en el mismo lugar con experimentación sexual desenfrenada que involucraba también a maestros muy jóvenes sin preparación asignados a ellos.

En general, los entrevistados expresaron su convicción de que la educación en Cuba era sólida, que había mucha motivación para estudiar y que había presiones para hacerlo[31]. Algunos se quejaron de que la escasez de docentes a veces daba como resultado el uso de profesores-alumnos muy jóvenes y poco capacitados como instructores, pero, en general, consideraban que la educación era buena. Un estudiante de veintitrés años recuerda, por ejemplo:

Estaba en 12° grado (1973-74) en la V.I. Escuela Vocacional Lenin, un alarde de Castro, en La Habana. Fui asistente estudiantil del curso de español cuando el coordinador del 12° grado me contactó y me pidió que enseñara el curso que estaba tomando. Tuve que recibir un seminario intensivo sobre gramática española (que era el contenido de ese curso de la escuela secundaria), porque no estaba familiarizado con el tema. Lo hice porque me gustó la idea, ya que esta nueva tarea me liberaría de mis cuatro horas de trabajo en la plantación de la escuela.

Muchos de los entrevistados se quejaron del adoctrinamiento minucioso que impregna el proceso educativo, enseñándose el marxismo leninismo de una manera dogmática sin espacio para la reflexión o la discusión. A modo de ejemplo, el informante

---

31 Carlos Ripoll en su artículo, «En defensa de un marxista» publicado en *The Miami Herald*, sostiene que la alienación del sistema y su cuestionamiento está creciendo entre aquellos segmentos de la población que han tenido acceso a la educación por primera vez. Más adelante, en este artículo, el autor hace referencia a esta situación en base a la información brindada por tres informantes de origen campesino. Por otro lado, el gobierno no ha logrado graduar a suficientes técnicos mientras que ha habido un exceso de graduados en otros campos que ahora sufren de desempleo o subempleo.

mencionado directamente arriba recuerda el caso de Carmen, una estudiante de arquitectura española en la Universidad de La Habana:

Ella era, en ese momento (1979-80) miembro del Partido Comunista Español (que sigue la línea de Eurocomunismo de Carrillo, a diferencia del Partido Comunista de Cuba que sigue la línea de Moscú). Siempre estuvo en problemas en la clase de marxismo, hasta el punto de que era evidente que fracasaría. Un día, se paró frente a la clase y le dijo a la profesora que, siguiendo las instrucciones de su partido, no haría más comentarios. Al final del semestre de otoño, el Departamento de Arquitectura publicó la lista con el nombre y el GPA de los estudiantes de 5to año. De acuerdo con el rango de GPA, los estudiantes pueden elegir su tesis de graduación. Sucedió que la Unión Internacional de Arquitectos convocó que el concurso de estudiantes se realizara en México a mediados de año (1980). Como era habitual, al estudiante con el mejor GPA se le otorgaba el derecho de participar en el concurso. Carmen tuvo el GPA más alto, pero no se le permitió elegir una tesis de graduación o ingresar al proyecto del concurso. En cambio, se lo ofreció al estudiante que estaba a cargo de la Unión de Jóvenes Comunistas.

Una informante de diecinueve años relató lo siguiente:

Aunque de niña tuve muy pocas oportunidades de comer langosta o camarón fueron mi comida favorita. Un día, cuando tenía catorce años, estaba leyendo un libro sobre los recursos naturales de Cuba, que mencionaba la abundancia de crustáceos en la plataforma submarina de Cuba. Ese día, en clase, le pregunté al profesor por qué en Cuba los crustáceos no estaban disponibles para el consumo. El aula de repente se calló. El profesor, obviamente en apuros, dudó, como sorprendido, y luego explicó que la razón era que Cuba necesitaba los ingresos generados por la venta de langostas y camarones para pagar el equipo industrial y ayudar a las demás naciones subdesarrolladas del mundo. Cuando terminó la clase, el profesor, que me tenía mucho cariño, me llamó y me dijo: «Por favor, María, ¿por qué haces preguntas tan tontas y peligrosas? ¿No lo sabes mejor? No seas tonta y nunca hagas preguntas que puedan avergonzar al gobierno a menos que quieras meterte en un gran problema».

La Federación de Estudiantes Universitarios, que en tiempos prerrevolucionarios participó en todo tipo de actividades políticas teñidas con todos los colores de ideología y, en la mayoría de los casos, lideró luchas de oposición y confrontación contra el gobierno, ahora es utilizada por el régimen para controlar y supervisar las actividades de los estudiantes, asegurar que la propaganda oficial se difunda y la participación segura de los estudiantes en los mítines masivos.

En varias discusiones grupales que realicé con estudiantes de Miami de 18-22 años, tanto en 1981 como en 1984, los participantes de Mariel se quejaron amargamente de los efectos que el adoctrinamiento tenía sobre ellos, el hecho de que la historia se usaba continuamente para adaptarse al dogma revolucionario y la forma en que los eventos fueron malinterpretados para crear sentimientos antagónicos contra Occidente, etc. Los comentarios más interesantes se referían a que Estados Unidos es representado como un lugar donde los negros son perseguidos perennemente por perros[32] y donde los cubanos son discriminados. Según los estudiantes *Marielitos* en Miami, esta propaganda aliena a los estudiantes. Como uno dijo: «Cuba es como el planeta Urano, un lugar donde solo obtenemos la información que permiten y según la interpretan».

---

32 El informante dijo que las viejas películas de Charlie Chaplin que muestran la pobreza extrema en los Estados Unidos, así como los documentales realizados durante las luchas del movimiento por los derechos civiles son utilizados fuera de contexto por el gobierno de Castro para perpetuar imágenes negativas de los Estados Unidos. Otro informante menciona la película documental *Ahora*, producida por el ICAIC en la Universidad de La Habana a mediados de la década de 1960, que trata sobre los abusos de los negros en los Estados Unidos antes del movimiento por los derechos civiles. Muestran las películas como si las condiciones no hubieran cambiado.

Esta característica del sistema educativo cubano lo hace muy vulnerable, ya que cualquier contacto con el mundo exterior demostrará claramente las mentiras y distorsiones frecuentes de la verdad utilizada por el gobierno para preservar la lealtad revolucionaria. Si, a pesar de la propaganda masiva, 11,000 cubanos entraron a la Embajada del Perú y miles solicitaron visas a los Estados Unidos, la implicación es que, o las personas no creen lo que se les dice, o preferían ser segregados en los Estados Unidos que estar en su patria[33].

4. Empleo. Como el gobierno es prácticamente el único empleador, los cubanos se ven obligados a trabajar en el sistema y cumplir con las numerosas regulaciones y restricciones que esto conlleva. Los trabajadores en las fábricas son presionados para unirse a los *Comités Obreros* si quieren disfrutar de las escasas oportunidades de avance disponibles y evitar cambios indeseables, transferencias u horarios.

El sistema comunista en Cuba ha usado las antiguas organizaciones de masas y ha creado otras nuevas como instrumentos para controlar las vidas de las personas. Los sindicatos, que en el pasado representaban los intereses de sus miembros, han sido convertidos en sus censores y supervisores. Los sindicatos se utilizan para hacer propaganda para el sistema, para alentar el trabajo voluntario y las donaciones, y para obtener una mayor productividad de los trabajadores que se supone deben representar. También se utilizan para organizar la participación masiva en mítines políticos, reuniones, etc.

---

33 «Millares solicitan asistencia a Estados Unidos para salir de Cuba». *The Miami Herald*, 16 de diciembre, 1980, p. 5. Ver también Clark, Juan M. «The 1980 Mariel exodus: An Assessment and prospect». Monografía sin publicar. Clark informa que los registros sin publicar del Comité de Planificación de Población de la Junta Central de Planificación de Cuba muestran que, en junio de 1980, 1.285.000 personas habían solicitado irse. A fines de diciembre de 1980, la Sección de Intereses de los Estados Unidos en la Habana había recibido 130.000 cartas que representaban a más de 600.000 personas.

Las mujeres han sido presionadas para unirlas a *La Federación de Mujeres Cubanas* (FMC), que también es una organización utilizada por el régimen de Castro para difundir propaganda, alentar el voluntarismo y facilitar la movilización masiva.

Como se describe en la sección anterior, la Cuba de Castro es una sociedad totalitaria donde el gobierno, como único empleador y proveedor, también controla la vida política, académica y social del pueblo.

B. Resolviendo problemas fuera del Castrismo

Resolver es el verbo utilizado en Cuba para describir la cantidad innumerable de actividades en las que el individuo tiene que comprometerse para poder satisfacer las necesidades más básicas. La mayoría de estas actividades son ilegales y tienen que ver con el desenvolvimiento del *mercado negro*.

1. El Mercado Negro. Prácticamente todos, excepto los miembros de la elite del gobierno, participan activamente en el mercado negro. Las condiciones en Cuba son tales que el régimen obliga a todos a participar en actividades ilegales. Esto plantea la pregunta sobre el daño socio— patológico manifestado por algunos *Marielitos* y la admisión de parte de la mayoría de haber participado en el trueque ilegal, el robo ocasional, mentir y cosas por el estilo. Aparentemente, el régimen castrista, ya sea intencionalmente o no, es el factor que causa el comportamiento *socio patológico* en personas que están obligados a luchar por sobrevivir.

Un informante de veintitrés años relata lo siguiente:

El acto de robar materias primas o productos terminados de tu lugar de trabajo no tiene una mala connotación a los ojos del cubano regular. ¡Por el contrario, es lo que tu familia o tus amigos esperan que hagas! Cuando me faltaba el papel de escribir a máquina, como era imposible conseguirlo en la tienda, fui a ver a mi prima, que en ese momento trabajaba como secretaria, y ella logró conseguirme papel y otros suministros de oficina.

Es en el mercado negro donde uno adquiere todo: alimentos, ropa, licencias de conducir, documentación falsa, electrodomésticos, todo. El informante mencionado anteriormente recuerda:

Unos meses antes del Mariel, compré un taladro eléctrico de ¼ (Hitachi) por $90. Meses más tarde en Miami, fui a *Sears* y compré un taladro similar por solo $10.

Es en el mercado negro donde las personas encuentran soluciones. Allí se adquieren los artículos que no están disponibles en la *libreta de racionamiento* o que no se pueden adquirir en cantidades suficientes mediante la *libreta*.

Los artículos vendidos en el mercado negro se obtienen robándolos de los depósitos del gobierno, supermercados, granjas, etc. El consenso es que «está bien robarle al gobierno; todos lo hacen». «¿Crees que van a faltar bombillas en mi casa si puedo sacarlas de la oficina?» «¿Crees que la hija del carnicero se va a quedar sin ropa buena si lo único que tiene que hacer es coger carne y venderla a un precio de racionamiento cinco veces mayor para un cliente favorecido y agradecido?»

El mercado negro es una parte tan importante de la vida de Cuba que todos se van de casa con una bolsa llamada *la por si acaso*, por si acaso se ve la oportunidad de comprar o intercambiar algo. Se dedica mucho tiempo y energía a las actividades de mercadeo negro que llaman *el trapicheo*.

En las ciudades pequeñas y en el campo es más fácil obtener alimentos, ya que los agricultores entusiasmados están dispuestos a intercambiar productos por artículos de ropa que son escasos donde viven. En la ciudad la ropa, los relojes y los electrodomésticos están más disponibles, con nuevos suministros de marineros y extranjeros que se benefician de estas actividades.

Una gran parte de los salarios de las personas se utiliza para el mercadeo negro. Es tan vital para sus medios de existencia que, en muchos casos, las personas obtienen certificados médicos para poder excusarse de sus trabajos a fin de hacerse cargo de algún trato rentable disponible para ellos[34].

En una sociedad así, una persona exitosa es aquella que *tiene una busca* que le permitirá obtener productos alimenticios para el consumo o para un intercambio posterior. Robarle al gobierno no solo es respetable sino admirable. Los informantes dicen: «Todo el mundo roba en Cuba: el carnicero, el encargado de la tienda, el granjero, todos menos los altos en el gobierno que no tienen que robar. Todo el mundo especula en Cuba para sobrevivir».

2. Sociolismo. La necesidad de participar en actividades ilegales y perseguidas en Cuba es tal que ha dado lugar a un nuevo tipo de relación: *El Sociolismo.* Bromeando, los cubanos dicen que en Cuba no existe el socialismo sino el *sociolismo,* una red interpersonal económica y de apoyo. *Socio* es la persona que te ayuda a resolver problemas. El carnicero que te vende una libra de carne en el mercado negro es tu *socio,* una persona que necesitas y con la que te sientes agradecido. El tendero que te vende el blumer *por la izquierda* también es tu *socio,* como también lo es el granjero que te da el producto a cambio de tu ropa vieja. Tu *socio* es la persona que firma por ti en una hoja de asistencia en una reunión revolucionaria o te poncha en la fábrica. El médico que te da un certificado médico para excusarte del trabajo voluntario u otras molestias también es tu *socio.*

Tu *socio* es el líder del equipo a cargo de un grupo de jóvenes asignados a labores agrícolas, que, al momento de informar la cantidad de cubetas de papas que elegiste, reportará unas adicionales. Él no necesita decirte directamente que él te protegió, pero uno sabe; y cuando llega el momento en que necesita tu ayuda, le devuelves el favor. Tu *socio* es la persona a cargo de un almacén que te ve robando aceite y no te echa adelante, pero que, posiblemente, unos días más

---

34 Los psiquiatras que trabajaron bajo la dirección de la autora confirmaron que, en Cuba, los médicos otorgan certificados médicos a amigos y *socios* para justificar sus ausencias de trabajos y reuniones revolucionarias.

tarde te pedirá que hagas algún mandado para él. Los *socios* son las personas que necesitas para vencer al sistema opresivo y mezquino.

C. Protegerse del sistema

1. La familia. La familia extendida cubana, que fue la institución nutritiva de la cultura desde un punto de vista económico, social y emocional, ha sido gravemente dañada. Prácticamente se ha disuelto por la pérdida, el desarraigo, la distancia causada por las antiguas emigraciones y la desconfianza debida a posturas políticas contradictorias. La familia nuclear sobrevive precariamente con los roles tradicionales de sexo y edad destrozados o abolidos[35].

El papel de padre y esposo se ha debilitado peligrosamente ya que el hombre ya no es el proveedor principal de la familia. Ha perdido el control de los miembros de la familia, ya que no puede oponerse a los deberes revolucionarios de su esposa ni a las demandas laborales. Él no tiene control sobre la educación o el paradero de sus hijos y cubre mal las necesidades familiares. Su autoridad es segunda después del capricho y la ley revolucionarios. Su precedencia sobre esposa e hijos ha disminuido. Incluso la posesividad y dominación tradicional del ideal machista no puede manifestarse de ninguna otra manera que no sea superfluo, tal vez evitando que su esposa use cierta ropa. Al mismo tiempo, sin embargo, podría tener que permitirle hacer guardia con un vecino a quien percibe como una amenaza y una causa de celos.

El culto extremo de la personalidad que rodea a Castro, que abarca todos los aspectos de la vida cubana, deja poco espacio para la manifestación positiva del machismo o del hombre de bien. El propio machismo de Castro, tan propagandeado y enfatizado, deja poco espacio para la hombría de los demás.

El papel tradicional de la mujer cubana como madre-esposa también ha cambiado drásticamente, ya que la mayoría de

---

35 Según el anuario publicado por la ONU en 1978 (pp. 431-433), Cuba sufre una de las tasas de divorcio más altas del mundo.

las mujeres han sido instadas a liberarse, a trabajar y unirse a organizaciones revolucionarias. Esto deja poco tiempo para el fomento del papel de la mujer cubana tradicional. La escasez endémica de bienes de consumo, la falta de privacidad doméstica causada por condiciones de hacinamiento, las interminables filas frente a tiendas, oficinas, etc., llenan la vida doméstica de frustración, agravamiento, aburrimiento y falta de incentivos o recompensas.

Las mujeres se resienten de las demandas de atención de sus maridos después de haber pasado todo el día trabajando, esperando autobuses llenos y atrasados, y haciendo fila frente a las tiendas de abarrotes, sabiendo que sus esfuerzos podrían ser completamente infructuosos. La devoción matrimonial ocupa el segundo lugar al competir con la devoción revolucionaria esperada, exigida y extraída.

El cuidado infantil también es una fuente de frustración cuando el control de la descendencia está en última instancia en manos de la Revolución. Uno tiene que preocuparse por el miedo real a expresar, delante de sus hijos, comentarios y opiniones que, si se repiten, podrían interpretarse como antirrevolucionarios y que implican consecuencias peligrosas. Además, si los hijos se van a adaptar a la sociedad de Castro, no se puede dañar su futuro fomentando actitudes negativas hacia la Revolución.

Los padres no pueden controlar el comportamiento de sus hijos porque, una vez finalizada la escuela primaria, los adolescentes asisten a escuelas secundarias programadas en turnos cortos, lo que hace que queden desatendidos y prácticamente «en las calles» la mayor parte del día. La autoridad paterna, desafiada por la política revolucionaria, ha creado un vacío de autoridad donde los padres, en el mejor de los casos, intentan regular el comportamiento sexual de las jóvenes, aparentemente con poco éxito, especialmente cuando se envía a los jóvenes a las escuelas del campo. Los niños pronto aprenden que la autoridad de los padres es limitada y, cuando es demasiado restrictiva, pueden ser ignorados y desafiados abiertamente sin grandes repercusiones económicas o sociales.

Los entrevistados de Mariel comentaron que los jóvenes, después de *los viajes de la comunidad*, están muy descontentos y más verbales que sus mayores. Esta percepción parece estar respaldada por la juventud de los recién llegados. Les molesta la escasez de bienes de consumo, la falta de control de sus vidas en materia de empleo, vivienda, etc. Ponen en duda la validez de un sistema educativo «libre» donde no hay opción de carrera. Es frustrante vivir en un sistema donde la membresía en instituciones revolucionarias pesa más que las calificaciones en los criterios selectivos para algunas de las carreras, es decir, el derecho, las humanidades, etc. Muchos entrevistados comentaron con desprecio sobre la línea oficial de que la educación en Cuba es gratis, ya que sienten que el trabajo forzoso de «voluntario» supera con creces el costo de sus honorarios y gastos educativos. Se resienten mucho y se resisten al adoctrinamiento forzado y al deber militar. Aunque la mayoría de los jóvenes no están demasiado interesados en la ideología política, y la política no se discute abiertamente o se habla mucho de ella, recurren a la forma tradicional cubana de expresar sus quejas regocijándose al escuchar y contar chistes a expensas del gobierno.

La juventud cubana está indignada por su percepción de privación de derechos en su propia patria. Resienten no tener acceso a ciertos barrios, restaurantes, tiendas, hoteles y playas de su propio país, que están reservados para la «nueva clase» y para los extranjeros. Desprecian la exhibición de opulencia de los jóvenes de la nueva clase que manejan Fiat y Lada mientras usan costosos zapatos italianos y ropa de moda. Su situación desfavorecida se vuelve más obvia cuando, por casualidad, están expuestos a lugares donde la nueva clase, en su opinión, disfruta de «La Dolce Vita». Además, los jóvenes admiran mucho todo lo occidental, especialmente la música estadounidense, los jeans y las viejas películas estadounidenses.

Las relaciones románticas duraderas son poco comunes, debido quizás a la desconfianza y control en su vida. Los romances y el enamoramiento son un medio de escapar de la triste realidad, pero casi nunca conducen a un fuerte compromiso duradero.

Un hombre de treinta y dos años informó que cuando decidió ingresar a la Embajada del Perú, no le contó a su esposa porque «tenía miedo de cómo iba a reaccionar si le contaba sobre el plan». Un informante masculino de veinte años comentó, riendo, «Romance, ¿estás bromeando? El amor romántico pertenece a la historia». Una mujer de veinticinco años agregó: «Los jóvenes quieren creer en el amor, fantasear, pero el sexo en Cuba es solo un escape».

La escasez de viviendas en la isla limita las posibilidades de privacidad e intimidad. Esto, en muchos casos, incita a los jóvenes amantes e incluso a los recién casados, que viven en condiciones de hacinamiento, a ir durante algunas horas a la vez a los sórdidos hoteles establecidos por el gobierno para tales fines. Las líneas frente a estos hoteles son muy largas, pero la experiencia humillante se soporta a pesar de la exposición a testigos posiblemente indiscretos.

2. Religión. La participación en actividades religiosas en Cuba ha disminuido considerablemente. Esto se debe a la persecución directa e indirecta por parte del gobierno de quienes frecuentan iglesias, ya que son sospechosos de actitudes contrarrevolucionarias. Así, las antiguas fiestas religiosas como la Navidad, el Viernes Santo, la Pascua, la Fiesta de la Epifanía, etc., que tradicionalmente marcaron el ritmo del antiguo calendario cubano, han sido eliminadas y reemplazadas por fiestas revolucionarias. El adoctrinamiento revolucionario enfatiza los eventos históricos que presentan una imagen negativa de la religión como la Inquisición, el Juicio de Galileo, las guerras religiosas, etc. Los comentarios en tono de burla sobre las personas religiosas se hacen constantemente durante el entrenamiento doctrinal.

Los jóvenes temen represalias del gobierno si se conociera su afiliación religiosa. La actividad religiosa podría considerarse una conducta inapropiada y sospechosa, lo que significaría la pérdida de oportunidades para obtener becas o para poder seguir algunas carreras. Muchos de los informantes más jóvenes se identificaron a sí mismos como ateos. Algunos informaron haber sido bautizados en secreto. La mayoría de las personas están casadas en ceremonias civiles por temor a represalias del gobierno. Muchas iglesias han sido cerradas y las que no lo están, normalmente abren sus puertas laterales. Aparentemente, la mayoría de los asistentes a la iglesia son personas de la tercera edad que no tienen nada que perder.

Los informantes dicen que la nueva Constitución cubana refleja una actitud más tolerante hacia la religión formal. Sin embargo, durante el éxodo marítimo de Mariel, los Testigos de Jehová, llamados *Los Patiblancos*, que fueron duramente perseguidos en Cuba debido a su resistencia a integrarse en el sistema, fueron expulsados y recibieron un trato preferencial para abandonar la isla. Es evidente que la lealtad de la población cubana a la religión institucionalizada no es muy fuerte. Durante los primeros años de la Revolución, muchas de las víctimas del paredón, murieron exclamando *Viva Cristo Rey*. Sin embargo, en general, la religión organizada y especialmente la Iglesia Católica, que era la religión de preferencia, no fue un punto de reunión para la gente insatisfecha con el comunismo materialista. Esto podría deberse a la superficialidad de la afiliación católica de las masas populares en Cuba. Esta situación contrasta con el importante papel que el catolicismo ha desempeñado en Polonia, donde es un símbolo de resistencia al comunismo, a pesar de que el país tiene fronteras comunes con Rusia. Parece que la afiliación católica cubana, expresada por la expresión idiomática prerrevolucionaria, «Yo soy católico a mi manera», reflejaba una posición acomodaticia de labia hacia la religión que carecía de lealtad dogmática y compromiso profundo. De lo contrario, es difícil comprender el repentino declive del fervor religioso a favor del ateísmo, el agnosticismo y la afiliación con complejos mágico-religiosos.

Muchos informantes contaron que los sistemas religiosos no cristianos, como la *Santería* Afrocubana y el Espiritismo, han mantenido o ampliado su seguimiento. Esta situación podría deberse al hecho de que, aunque oficialmente, el gobierno desprecia estas prácticas de organización de cultos, no se las percibe como peligrosas para el régimen, ya que no representan la amenaza que representa la religión institucionalizada. Además, como en el caso de la *Santería* y otros complejos religiosos afrocubanos, debido a las aspiraciones políticas de Cuba en África[36] y su inclinación hacia los negros y su cultura, el gobierno considera apropiado patrocinar oficialmente el arte y la literatura de influencia africana, incluso aquellos con temas religiosos.

Es interesante observar que la Santería en los Estados Unidos también ha ganado prestigio, aceptabilidad y seguidores entre los exiliados cubanos[37]. La *Santería* funciona como un sistema de apoyo y una institución mediadora[38] para los cubanos de Miami que sufren estrés cultural. Podría teorizarse que las condiciones prevalecientes en Cuba que contribuyen a sentimientos de falta de control, ambivalencia, estrés y pérdida, son aún más conducentes a mejorar la dependencia de las personas de los sistemas mágicos como medio para obtener apoyo sobrenatural para enfrentar sus vidas.

3. La máscara. Las condiciones prevalentes en la Isla son la base de la necesidad del individuo de esforzarse constantemente para representar un rol que es incompatible con la autoidentificación y el desarrollo del ego. Los informantes normalmente se refieren a sí mismos como personas que usan una máscara; Algunos de ellos, los

---

36 Cros Sandoval, Mercedes; «Santería». *Journal of the Florida Medical Association*, Vol 70, No. 8, agosto, 1983, p. 628.

37 Sandoval, Mercedes C. *La Religión Afrocubana*. Madrid: Editorial Playor, 1975. Ver también Sandoval, Mercedes C. «Afrocuban concepts of disease and its treatment in Miami». *Journal of Operational Psychiatry*, Vol 8, No. 2, 1977, pp. 52-63; Sandoval, Mercedes C. «Santería as a mental health care system». *Social Science and Medicine*, Vol 13B, No. 2, 1979, pp. 137-151.

38 Ibid; Halifax, Joan and Weidman, Hazel. «Religion as a mediating institution in acculturation: The case of Santería in Greater Miami». In Cox, Richard H. (Ed.), *Religious Systems and Psychotherapy*. Springfield, III: Charles C. Thomas, 1973, pp. 319-331.

mayores, de una manera consciente. Los informantes más jóvenes dicen que, sin darse cuenta, aprenden lo apropiado para decir y hacer. Según un informante de treinta y cinco años, por ejemplo:

Intentamos decir o parecer algo que otros aceptarían. Somos incapaces de hacer cosas que son buenas para nosotros mismos. La revolución mata la capacidad de crear. Me he condicionado por reflejo a decir lo que la otra persona quiere escuchar.

Esto se hace mediante un proceso de autocensura[39]. Según la reportera del *Miami Herald*, Liz Balmaseda, quien visitó a amigos y parientes en su ciudad natal, esta actuación programada y el uso de la máscara prevalece en la isla. «Dijeron todo lo correcto e hicieron lo que se suponía que debían hacer». Balmaseda informa que hubo grietas, en forma de bromas y risas. «¿Ves esta cara? Esta no es mi cara real, solo una máscara. Aquí vivimos con máscaras, no tenemos otra opción. No podemos decir nada en contra del gobierno. Tenemos miedo del gobierno». Otro amigo de Balsameda agregó: «Por supuesto, todos vivimos con máscaras». Sin embargo, una persona involucrada en la conversación reaccionó violentamente bajo la amenaza de descubrir su rostro y quedarse sin la máscara protectora, «Cállate. Si vas a hablar, ¿por qué no vas al centro de la calle y gritas para que todos te escuchen? Porque eres un cobarde»[40].

La autora una vez tuvo una experiencia similar cuando se encontró en medio de una conversación que se convirtió en un enfrentamiento entre un hijo que había llegado de Mariel y su madre, que estaba de visita desde Cuba. La madre le dijo al hijo: «Ten cuidado, te cogen aquí y en cualquier lugar donde te escondas. ¿Crees que estás a salvo porque estás en Miami?» Luego, dirigién-

---

39 Para más información en este tema ver Clark, Juan M. y Figueras, Juan A. *Totalitarian Repression in Cuba*. Monografía sin publicar.

40 Balsameda, Liz. «Return to Puerto Padre, my hometown: A place I never knew». En «The Cubans, a people changed, Special Report». *The Miami Herald*, 18 de diciembre, 1983, p. 23M.

dose a la autora, «Dios sabe lo que podría pasarle a usted y su curiosidad». La autora interpretó el incidente como una reacción de protección desesperada, es decir, «¿Cómo te atreves, mi propio hijo, a enfrentarme a la realidad? ¿Cómo te atreves a quitarme mi máscara? ¿No ves que no puedo volver a Cuba sin eso?»

Por lo tanto, uno debe preocuparse constantemente por evitar cualquier tipo de comportamiento que pueda interpretarse como antirrevolucionario. Esto es así, porque cualquier acto puede considerarse o malinterpretarse como «impropio»[41] o «antirrevolucionario», lo que podría conducir a todo tipo de marginación, represalias, encarcelamiento e incluso a la muerte. En este sentido, un informante de treinta y cinco años relató lo siguiente:

Mis padres siempre estaban enojados conmigo, porque me gustaba tomar el sol en el patio trasero. Afirmaron que un miembro del Comité para la Defensa de la Revolución podría calificarme de perezoso y

---

41 Bajo el término «conducta indebida», el gobierno agrupa cualquier comportamiento que considere peligroso, antirrevolucionario y punible, incluso si no implica una infracción de la ley. Durante un festival de cine celebrado en Miami en febrero de 1984, se proyectó una película de investigación de Nestor Almendros y Orlando Real. Representó la represión de los homosexuales en Cuba. En este sentido, es interesante observar cómo la discriminación selectiva y el término «conducta impropia» se aplican en Cuba de acuerdo con caprichos o diseños revolucionarios. La persecución de homosexuales en Cuba se ha caracterizado por la falta de consistencia. Según los informantes, están los *Maricones Sagrados* que son intelectuales o artistas parciales a la Revolución y que disfrutan de todo tipo de honores, reconocimientos y ventajas. Van a congresos y eventos culturales en todo el mundo. Luego están los *Maricones Serios* que son aquellos homosexuales que muestran un comportamiento que no refleja sus preferencias sexuales. Estas personas no son molestadas por el régimen. Las *Locas*, cuyo comportamiento público es muy conspicuo y afeminado, son los que han sido perseguidos, han sufrido abusos físicos y psicológicos y, en algunos casos, han sido colocados en campos de concentración (UMAP) o enviados a través del Mariel. Esto podría significar que el régimen no puede tolerar la existencia en la isla de personas que se atreven a «levantar la máscara» y actuar de acuerdo con sus preferencias sexuales o de otro tipo.

lumpen[42]. Argumenté que el Comité sabía mejor que nadie que tenía un trabajo de tiempo completo y que también iba a la universidad. Sin embargo, me convencieron de que mi actitud, relajada y no temeraria, era desafiante. Dejé de tomar el sol en mi propio patio trasero.

Estas personas enmascaradas son siempre pasivas. De manera pasiva, no expresan ninguna opinión y participan pasivamente en la vida revolucionaria y repiten eslóganes revolucionarios. Los «verdaderos creyentes» intentan convencerlos de que la participación en actividades revolucionarias es conveniente y gratificante; Intentan comprometer a otros con el sistema. Por lo tanto, los segmentos enmascarados de la población, de acuerdo con los informantes, son la mayoría de las personas que son arreadas a la Plaza Revolucionaria, asisten a las reuniones de los Comités para la Defensa de la Revolución, al tiempo que las rechazan o las toleran interiormente.

Según una informante de veinte años, «Todo el mundo simula, parece ser lo que no es, actúa ocupado y no logra nada». Esta autocensura constante y el uso de una máscara provoca un estado de ansiedad, nerviosismo y depresión constantes, que también es la raíz de una personalidad paranoide básica que sufre de insomnio e inquietud. Los jóvenes psiquiatras que trabajaron para la autora confiaron, después de un tiempo, que el uso de tranquilizantes en Cuba es espantoso y afirmaron que algunos de sus pacientes tenían miedo de irse a dormir por temor a hablar mientras dormían.

Una gran cantidad de informantes le dijeron a la autora que, en Cuba, las personas estaban sobre estimuladas por la crisis perenne, la frustración, la sobrepoblación, la falta de privacidad, etc. Un

---

42 Lumpen es una palabra utilizada para referirse a aquellas personas que, según el régimen socialista, viven del trabajo de otros; personas que no producen nada. Lumpenproletariado, según Marx y Engels, es una clase peligrosa, la escoria social. Ver Marx, Karl y Engels, Friederich. *El Manifiesto Comunista*. New York: editorial internacional, 1948, p. 20.

informante de veinte años dijo: «Nos obligan a ir a los campos, aunque no logramos nada. Su objetivo es mantenernos atontados, sin tiempo para reflexionar y pensar. *Cuba es una vorágine*». Esta actividad forzada y la participación social causan hiperactividad que fortalece aún más la ansiedad y la depresión. La mayoría de los entrevistados demostraron e informaron la necesidad en Cuba de estar siempre con los demás en un esfuerzo por obtener apoyo, tanta información como sea posible y control.

Un informante de treinta y cinco años comentó lo siguiente:

Los cubanos en la isla son más gregarios que los cubanos en el *Dade County*. Somos más sociables; compartimos más. Por la noche siempre tenía visitas, o recorría el barrio o visitaba amigos. Los cubanoamericanos son *casa sola*, más egoístas. Les gusta estar solos. Le pregunté: «¿sales o entretienes a los visitantes todas las noches en Miami?» Lo tomé por sorpresa y respondió: «¡No!» «¿Es que estás más cansado aquí que en Cuba?» «¡No!», respondió. «¿Por qué no sales aquí todas las noches?» «No lo sé». «¿Por qué siempre necesitas estar con personas en Cuba?» Bueno, me dieron apoyo. Sentí que su compañía me tranquilizó. Me sentí apoyado. Además, conoces a todos en el vecindario; Siempre los encuentras en reuniones, en las líneas frente a las tiendas, en todas partes. «¿No te cansaste de visitarlos? ¿Visitaste también a personas que no te gustaban o en las que no confiabas?» Bueno, sí, pero… «¿Sentiste que tenías que fingir que disfrutabas de su compañía para no aumentar su posible enemistad?» Dios mío, eso es verdad. Además, a la hora del almuerzo iba a hablar con mis amigos para ver si podían ayudarme a resolver algún problema; tal vez necesitaba algún material o algo para la casa o cualquier cosa. Sí, está bien estar solo en Miami, en Cuba no.

De acuerdo con un informante de treinta y un años:

La vida en Cuba requiere que uno esté siempre a la expectativa y en un estado perenne de alerta. Uno siempre está buscando oportunidades para obtener lo que necesita mientras teme verse atrapado en las transacciones del mercado negro. Uno siempre tiene miedo de que un miembro del Comité pueda buscar en su bolso y encontrar algunos bienes. Uno tiene miedo de ser atrapado intercambiando comida por ropa con un granjero. Uno teme ser descubierto ausente en una reunión revolucionaria; uno tiene miedo de hacer cualquier cosa.

En tal atmósfera de desconfianza, falta de control y ambivalencia, el pensamiento racional, la planificación y el razonamiento son inútiles. Este entorno frustrante provoca reacciones emocionales, ansiedad y regresión a estados no racionales menos maduros. Las ilusiones toman el lugar de la planificación y el razonamiento. Según un informante: «Cuando me sentía muy frustrado y ansioso solía decirme a mí mismo: "Voy a salir de Cuba". No hice nada al respecto, pero ese simple deseo calmaba mi ansiedad».

Cuando la ilusión —la línea oficial de propaganda— se practica en privado y se expresa verbalmente en medio del miedo y la duda, se convierte en un rumor que, al regresar al individuo, se cree con entusiasmo y se repite a los demás como un rayo de esperanza o salvavidas. Una y otra vez, el rumor de esperanza dice: «Fidel tiene cáncer», que proyecta la ira contenida y la agresión que no pueden expresarse abiertamente. Ilusión, rumor, hacer creer; todos ellos contribuyen en gran medida a la necesidad de evitar enfrentar la triste realidad de sus vidas sin esperanza.

La lealtad, el compromiso y la interdependencia se ven opacados por la desconfianza y la paranoia que erosionan aún más los sentimientos de integridad personal. La moralidad burguesa, que configuró consignas prerrevolucionarias completamente ajenas a la necesidad del individuo de autoconfianza e intenta satisfacer los impulsos básicos. El tema predominante y único del *ethos* cubano es sobrevivir a cualquier costo.

Bromeando y burlándose de la propia miseria, que son formas tradicionales cubanas de descargar la ira y aliviar la tensión, son los mecanismos más saludables de supervivencia. Sin embargo, todas estas estrategias son intentos de evitar la sumisión total y lograr cierto grado de control. Por lo tanto, los cubanos en la isla son héroes legítimos por derecho propio. Aquellos que no aceptan un sistema de terror, opresión y ambigüedad han utilizado los mecanismos de supervivencia que les permitieron resistir al sistema y sobrevivir.

V

LOS *MARIELITOS* Y LA IDENTIDAD NACIONAL

Los *Marielitos* como grupo de población cubana ya han sido descritos en términos de la vida que tuvieron en Cuba y las razones que los impulsaron desde Mariel a Miami. También deben ser vistos como un grupo que representa aspectos de la personalidad cubana, ya que sufrió la transformación causada por Castro y su revolución[43].

El escritor francés del siglo xix, Ernest Renan, dijo que una nación es un alma compuesta por la posesión de un rico legado de recuerdos y la voluntad de preservar la herencia (indivisible) que se le ha transmitido. Una nación tiene las glorias comunes del pasado y desea hacer más de lo mismo en el futuro.

A. EXPERIENCIA HISTÓRICA CUBANA

La República de Cuba tenía menos de cincuenta y siete años cuando la revolución de Castro triunfó. La historia relata la experiencia colonial cubana (1512-1898) como un período de interacción y fusión de la cultura española regionalmente diversa de los colonos con los pocos rasgos amerindios que sobrevivieron a la colonización y la fuerte contribución de diferentes culturas africanas traídas por los esclavos.

Por otro lado, la insularidad y posición geográfica cubana que domina el Caribe convirtió a la isla en un puente natural entre

---

43 Durante 1975, el periódico *Granma* publicó una serie de artículos en contra de las «bolas» o rumores que consideraban alarmantes y dañinos.

los hemisferios norte y sur del Nuevo Mundo y también entre Hispanoamérica y España[44]. Durante la mayor parte del período colonial, el puerto de La Habana era el punto de encuentro de la flota española que, cargada de tesoros, mercancías, viajeros y visitantes, navegaba hacia y desde la metrópoli. Este factor geográfico tuvo una gran repercusión política, económica y social debido a la convergencia en la isla de otras influencias culturales del Caribe, Centro, Sur y América del Norte, así como de la extracción francesa e inglesa. El constante contacto cultural influyó mucho en la forma de vida y la cosmovisión de sus habitantes.

La cultura española fue, con mucho, la más influyente en la configuración de la cultura cubana, imprimiéndola con valores compartidos por otras naciones hispanas como la fuerte orientación familiar, el personalismo, el individualismo, el *caudillismo*, una orientación humanista en la educación, etc. Cuba fue una de las naciones hispanoamericanas que más apreciaron su herencia hispana y se sintieron especialmente cercanas a la Madre Patria y sus tradiciones culturales[45]. Esto podría deberse al hecho de que Cuba y Puerto Rico permanecieron como colonias de España hasta 1898, mucho después de que otras colonias americanas rompieron sus vínculos en el primer cuarto del siglo XIX. El prolongado estatus colonial convirtió a la isla en un lugar privilegiado de asentamiento para los españoles durante el siglo pasado. Este proceso continuó durante la época republicana (1902-1958), lo que demuestra la falta de malestar entre cubanos y españoles, a

---

44 Álvarez Díaz, J., Arredondo, A., Shelton, R.M. y Vizcaíno, J. *Cuba, Geopolítica y Pensamiento Económico*. Miami: Colegio de Economistas de Cuba en el Exilio, 19, pp. 35-41.

45 En los orígenes de la cultura cubana ver: Pittaluga, Gustavo. *Diálogo Sobre el Destino*. Memosyne, 1969 (publicado originalmente en 1954); Lizaso, Félix. *Panorama de la Cultura Cubana*. México: Fondo de Cultura Económica, 1948; Vitier, Medardo. *Las Ideas en Cuba*. La Habana: Editorial Trópico, 1938; Vitier, Medardo. *La Filosofía en Cuba*. México: Fondo de Cultura Económica, 1948.

pesar de que el primero había luchado durante más de treinta años para obtener la independencia de este último.

La experiencia colonial española no preparó a la isla para gobernarse. El gobierno español era autoritario y centralizado, sin dejar espacio para los procesos democráticos o la autodeterminación, ya que los gobiernos locales tenían poco o ningún poder. La Iglesia Católica oficial había enfatizado aún más el autoritarismo, la centralización y la organización jerárquica monárquica. Durante tres siglos España impuso políticas económicas mercantilistas, limitando así las posibilidades para el desarrollo económico de la isla. El gobierno controlaba el comercio, la industria y la agricultura e imponía políticas monopólicas cuando era conveniente para proteger los intereses económicos de España. La colonia languideció, pobre y subdesarrollada.

En el siglo XVIII ocurrieron algunos eventos educativos, sociales y económicos importantes. En 1728 se fundó la Real y Pontificia Universidad de San Gerónimo en La Habana. El plan de estudios hizo hincapié en el estudio de la filosofía y la retórica Tomista que enfatiza un enfoque humanista y teológico del conocimiento. En 1762, La Habana fue conquistada por los ingleses quienes, durante el año de la ocupación, abrieron el puerto al libre comercio que condujo a un cierto desarrollo económico. En 1781 se fundó el Seminario San Carlos, y los principios de la ciencia empírica, haciendo hincapié en la observación y la experimentación, se enseñaban en la isla.

También, a fines del siglo XVIII hubo un movimiento liderado por gobernadores españoles e intelectuales cubanos que se orientó a mejorar las condiciones económicas, sociales, educativas y sanitarias de la isla. Cuba comenzó a interesarse en la producción de azúcar[46].

Esta tendencia se fortaleció aún más cuando la colonia francesa de Haití se independizó y la economía azucarera de esa isla co-

---

46 Ortíz, Fernando. «La hija cubana del iluminismo». *Revista Bimestre Cubana*, Vol 2, No. 1, p. 12.

lapsó. Los refugiados franceses de Haití se establecieron en Cuba, aportando el conocimiento para cultivar café y, también, ayudar a Cuba a convertirse en el azucarero del mundo. El aumento en la producción de azúcar creó una gran demanda de esclavos africanos, que fueron importados en cantidades impresionantes para las plantaciones.

A comienzos del siglo XIX, cuando la mayoría de las colonias de España lograron la independencia, el gobierno español liberalizó sus políticas en Cuba. El libre comercio resultante trajo un resurgimiento económico significativo. La isla obtuvo una nueva fisonomía. La arquitectura monumental surgió, el interés por la educación aumentó, y los ricos adoptaron una forma de vida refinada, entre ellos una clase emergente de criollos cubanos propietarios de plantaciones de azúcar[47]. Sin embargo, Cuba se mantuvo atrasada, una sociedad predominantemente esclavista, que sufre del subdesarrollo de sus recursos naturales y humanos y del autoritarismo político y el despotismo, así como grandes injusticias sociales y desigualdades.

Durante el siglo XIX, comenzó a surgir una mentalidad y un carácter cubanos definidos[48]. Maestros, poetas y escritores hablaron y enseñaron acerca de una identidad nacional distintiva diferente de la de los españoles. El movimiento romántico en la literatura hizo eco de estos sentimientos nacionalistas y cantó a la belleza del país y de sus anhelos de independencia y libertad. El clima benigno de Cuba, la escala íntima de sus ríos, montañas, valles y sabanas inspiró en sus poetas, compositores y habitantes sentimientos de cercanía y armonía que constituían el núcleo de una identidad nacional. Más tarde, los cubanos percibieron la isla de una manera animista como una joven melancólica y sensual con la que se relacionaban en términos íntimos y per-

---

47 Ortíz, Fernando. *Contrapunteo cubano del Tabaco y el Azúcar*. Caracas: Biblioteca Aguerecho, 1978.

48 Vitier, M. *Las Ideas de Cuba*, op. cit.

sonalistas. Cuba, alta, grácil y morena, era una madre buena y proveedora…

Los anhelos nacionalistas de Cuba provocaron dos guerras de independencia contra el dominio español. La primera guerra (1868-1878) fue liderada principalmente por la clase criolla acomodada. Fue inspirado por ideales románticos influenciados por las enseñanzas de los revolucionarios y filósofos franceses que propugnaban el individualismo, la libertad y la igualdad. Sin embargo, muchos líderes de la revolución nacionalista vinieron de las clases más humildes con una participación significativa de negros libres que se unieron en la lucha y ganaron la admiración de todos. Entre ellos, Antonio Maceo se convirtió en uno de los héroes cubanos más venerados. Los esclavos negros, liberados por sus criollos luchadores por la libertad y alentados por ellos a unirse a los ejércitos cubanos, desempeñaron un papel importante. La primera guerra de independencia se prolongó durante diez años, causando la ruina económica de muchos de los terratenientes criollos que habían liderado la lucha independentista. Después de la victoria de España y el acuerdo de paz (1878), muchos cubanos se fueron a vivir a los Estados Unidos y otras naciones vecinas como exiliados.

En 1895 comenzó la segunda guerra de independencia, inspirada en el liderazgo de José Martí, escritor y poeta. Martí fue un idealista que predicó la participación de todos los cubanos en la República democrática con la que soñó. Su ideología revolucionaria se basó en la igualdad racial, la dignidad humana y un sentido de fraternidad que incluía a todos los cubanos y españoles que deseaban participar.

En 1898 el gobierno de los Estados Unidos, que se había interesado cada vez más por Cuba debido a los crecientes lazos comerciales y las ambiciones imperialistas, interviene en la isla[49]. Muchos presidentes y líderes estadounidenses expresaron razones

---

49 Portell Vilá, Herminio. *Historia de Cuba en su Relaciones con Estados Unidos y España*. Habana: Jesús Montero, 1938-1941 (4 Vols.).

geopolíticas por las cuales Cuba debería ser parte de la esfera de influencia de su nación. Se hicieron varios intentos para comprar la isla. Los exiliados cubanos en los Estados Unidos a menudo habían experimentado la decepción y la amargura causadas por la postura ambivalente del gobierno federal, que en algunos casos alentaba a los patriotas y al mismo tiempo socavaba sus esfuerzos. En la década de 1890 se prepararon varias expediciones armadas en el sur de la Florida para ayudar a los patriotas cubanos en la isla; sin embargo, en el último minuto, el gobierno de los Estados Unidos se apoderó de los barcos. Martí, que fundó su partido revolucionario entre exiliados cubanos en los Estados Unidos, a menudo expresó gran preocupación por lo que temía serían las consecuencias de las ambiciones desenfrenadas de las facciones proimperialistas en la sociedad estadounidense si alguna vez se desataban en la isla.

En 1898, mientras la guerra asolaba la isla y diezmaba a la población, el Congreso estadounidense, impulsado por la explosión de un buque de guerra estadounidense en el puerto de La Habana, aprobó una Resolución Conjunta, declarando que Cuba tenía derecho a ser libre. El gobierno de los Estados Unidos declaró la guerra contra España. Las fuerzas estadounidenses destruyeron la flota española en el puerto de Santiago y, con la ayuda de los ejércitos revolucionarios cubanos, derrotaron a los españoles en Oriente. Estos eventos organizaron una amplia intervención en la isla.

Después de más de treinta años de guerra, la economía cubana fue prácticamente destruida; las condiciones de salud eran abominables; el analfabetismo era asombroso; los restos del sistema de administración pública estaban desorganizados; y la gente estaba confundida por el inesperado final de la épica de guerra. La intervención estadounidense duró cuatro años. Durante este tiempo, los líderes militares al mando implementaron políticas para crear un nuevo sistema de administración pública con énfasis en políticas sanitarias y educación. El gobierno de los Estados Unidos solicitó la elección de delegados para una Asamblea Constituyente cubana. Esta asamblea redactó una constitución para la nueva nación, pero fue forzada a aceptar la Enmienda Platt, una restricción constitucional a la soberanía de Cuba. Más tarde, se celebraron elecciones y el primer presidente fue inaugurado el 20 de mayo de 1902.

Una secuela de la intervención de los Estados Unidos y la Enmienda Platt[50] fue la influencia decisiva que comenzó a ejercer en la joven república. Las empresas de EE. UU. compraron grandes extensiones de tierra a sus empobrecidos propietarios[51], mientras que otras empresas invirtieron en ferrocarriles, plantas eléctricas y otros servicios e industrias esenciales. Por lo tanto, la economía de Cuba se volvió vulnerable a los abusos de poder de estas compañías[52]. En muchos casos, influyeron en el gobierno federal para obligar al gobierno cubano a aceptar tratados y políticas que iban en detrimento de los intereses nacionales cubanos. Durante la década de 1930, la Enmienda Platt fue abolida, y comenzó un proceso que culminó con la compra por parte de los cubanos de extensiones considerables de tierras cubanas. La interferencia estadounidense en los asuntos de Cuba ya sea abierta o encubierta, contribuyó a una mentalidad cubana etiquetada como «Plattista», una actitud de aceptación fatalista y cautelosa de la interferencia estadounidense. Las intervenciones, aunque resentidas, también se esperaban y, en algunos casos (Bahía de Cochinos), se deseaban.

Cuba no estaba bien equipada económica, social o políticamente para ocuparse de la tarea de determinar su propio destino cuando surgió como una nación independiente. La influencia de mano dura de los EE. UU. obstaculizó aún más los esfuerzos de la joven república para hacer frente a la tarea con éxito.

---

50 Portell Vila, H., op. cit.

51 Álvarez Díaz, J. et al., op. cit., p. 172.

52 Jenks, Leland H. *Our Cuban Colony.* New York: Vanguard Press, 1928.

La inestabilidad política impregnaba la experiencia republicana. Los gobernantes autoritarios, el nepotismo, la corrupción y los golpes de estado provocaron disturbios civiles y conflictos revolucionarios[53]. Todo esto creó un clima de inseguridad, desconfianza y antagonismo hacia los procesos políticos. La dependencia económica del azúcar causaba inestabilidad y patrones cíclicos de desempleo y subempleo.

La república había recorrido un largo camino para lograr la integración racial. Si bien los cubanos de descendencia española desempeñaron un papel predominante en la historia de la isla, los negros y los mulatos también contribuyeron en gran medida a la cultura y la cosmovisión cubanas. La sociedad cubana estaba más abierta a los negros que otras sociedades, como Estados Unidos[54]. Las relaciones interétnicas se desarrollaron de una manera más cohesiva y armoniosa. Esto se debió a razones históricas específicas. La ley española prohibía la venta de un esclavo sin su familia nuclear y permitía mayores oportunidades para que el esclavo ganara dinero y comprara su libertad. Como la mayoría de los colonos españoles evitaban tener ocupaciones que requerían habilidades manuales, los esclavos urbanos tenían la oportunidad de convertirse en artesanos y obtener algunos ingresos. Además, durante la época colonial, se produjo una mezcla de población cuando los varones españoles y criollos tenían hijos con concubinas negras. Muchos de estos padres blancos cuidaron y apoyaron a sus hijos. Tales factores fueron responsables del crecimiento de una clase media baja de hombres negros y mulatos mucho antes de que Cuba se independizara de España.

En Cuba, la negritud era un concepto relativo, no absoluto, como lo es en los Estados Unidos. Por lo tanto, cuanto más se acercaba

---

53 Álvarez Díaz, J. et al., op. cit., p. 172.

54 Para un tratamiento detallado de este tema, ver Klein, Herbert S. *Slavery in the Americas: A Comparative Study of Virginia and Cuba.* Chicago: University of Chicago Press, 1967. Ver también Hanke, Lewis. *The Spanish Struggle for Justice in the Conquest of America.* Boston: Little and Brown, 1965.

un individuo a la población blanca en apariencia física y comportamiento social, mayores eran las posibilidades de movilidad social y económica. Durante los tiempos prerrevolucionarios, los matrimonios mixtos entre blancos de las clases bajas con mulatos y negros, aunque mal visto, eran bastante comunes.

La integración de la escuela pública fue obligatoria al comienzo de la República, a pesar de la presión de los EE. UU. por lo contrario. Hubo integración residencial, a excepción de los barrios suburbanos muy exclusivos en La Habana. Los negros, sin embargo, aún no habían logrado el mismo acceso a los recursos. Un factor mitigante fue que no fue hasta la década de 1940 cuando se produjo un crecimiento significativo de la clase media. Incluso entonces, el desempleo prevaleció sin tener en cuenta las líneas raciales.

Los negros contribuyeron enormemente a todos los aspectos de la cultura cubana, especialmente la música, la poesía, el teatro y el atletismo. El reconocimiento internacional se ganó con los ritmos cubanos muy influenciados por la música africana, como congas, guarachas, etc.

A pesar de muchos problemas, se lograron importantes logros sociales y económicos durante los primeros cincuenta años de independencia[55]. Cuba desarrolló una de las clases medias más grandes y calificadas, cuyos números gozaron de uno de los niveles de vida más altos en Hispanoamérica. La avanzada legislación social y laboral, así como las negociaciones agresivas de los sindicatos, dieron como resultado el desarrollo de una clase trabajadora fuerte y dinámica con beneficios de jubilación, atención médica y maternidad. Los trabajadores de cuello blanco y profesionales crearon organizaciones para presionar por sus intereses especiales. Una amplia red de clínicas de prevención primaria y, también, hospitales, se desarrolló con fondos del gobierno. Además, un gran número de clínicas privadas ofrecían, a un costo mínimo, servicios

---

55 *Un estudio sobre Cuba: Colonia, República, Experimento Socialista.* Miami: Grupo Cubano de Investigaciones Económicas de University of Miami, 1963, pp. 781-1277.

preventivos para pacientes ambulatorios y de hospitalización a las poblaciones urbanas. La educación pública había sido instrumental en la reducción de la tasa de analfabetismo del 45 por ciento para los hombres y 55 por ciento para las mujeres en 1899 a 24 por ciento y 20 por ciento, respectivamente, en 1953[56].

En la década de 1950 se hizo evidente una atmósfera de progreso, libertades civiles ampliadas y crecimiento económico. Esto se debió en parte a la confianza generada por un breve período de estabilidad política y al surgimiento de pequeñas industrias como resultado del incentivo económico otorgado por el gobierno a los cubanos. También fue importante la adquisición y el creciente control por parte de los cubanos de las tierras agrícolas anteriormente propiedad de intereses extranjeros. El aumento espectacular del turismo y el comienzo de una diversificación agrícola exitosa también contribuyeron en gran medida al desarrollo económico. Sin embargo, múltiples problemas todavía plagaban a la joven república; entre ellos, dependencia del azúcar, control parcial de la economía por parte de empresas estadounidenses y extranjeras, alto desempleo y subempleo, una tasa aún alta de analfabetismo, inmadurez política y la necesidad de reformas sociales que respondieran a la difícil situación de los campesinos sin tierra. Por lo tanto, las condiciones esenciales necesarias para desarrollar un núcleo sólido de la identidad nacional estaban allí, a pesar de los fracasos para incorporar a la totalidad de la población (especialmente los campesinos) en el disfrute de los recursos y en el intercambio de la experiencia nacional y el establecimiento de un futuro común. Un gran segmento de la población de la isla, que incluía en su mayoría negros, trabajadores no calificados y una mayoría de campesinos, no fueron ni los beneficiarios ni los actores en los importantes avances de la nación. Mucho quedaba por lograr. El golpe de estado de Batista en 1952 interrumpió la

---

56 Schroeder, Susan. *Cuba: A Handbook of Historical Statistics*. G.K. Hall, 1982, p. 125.

vida institucional, y siguieron actividades represivas y revolucionarias. Esto abrió el camino para la revolución de Castro y su eventual éxito en 1959.

En esta coyuntura, la revolución de Castro triunfó. El movimiento de Castro había sido nutrido y apoyado principalmente por miembros de la clase media que buscaban una definición de identidad nacional y destino[57]. Castro, engañosamente llamó a la revolución «tan cubana como las palmas reales» y prometió restaurar los procesos democráticos y lograr la justicia social mediante un esfuerzo inclusivo y concertado de todos los cubanos para forjar un futuro común. Sin embargo, contrariamente a las afirmaciones iniciales de Castro, la revolución nunca tuvo la intención de restaurar los procesos democráticos o las libertades civiles. Tampoco se logró integrar a todos los cubanos en torno a una identidad nacional, nueva o no (como se manifestó por el éxodo masivo).

Este ensayo analizará algunos de los factores más importantes que contribuyen a la formación de una identidad nacional para determinar si el régimen de Castro ha sido capaz o no de integrar a la sociedad cubana en torno a un *ethos*. Estos factores son los siguientes: (1) continuidad cultural, evolución y sincretismo; (2) congruencia cultural e integración alrededor de las orientaciones de valores; y (3) carácter nacional.

B. Factores formativos de la identidad nacional

1. Continuidad cultural, evolución y sincretismo. La experiencia revolucionaria de veinticinco años representa un colapso drástico y premeditado de lo que ha sido el proceso de formación de la identidad nacional de Cuba. Se han producido cambios radicales en las estructuras políticas, económicas y sociales, pero también un repudio de facto a las cosas cubanas. Aparentemente, la Revolución no encontró nada que valiera la pena, excepto continuar

---

57 Álvarez Díaz, J. et al., op. cit., pp. 375-424.

los pasos de la exrepública para poner a disposición de mayores segmentos de la población los servicios de educación y salud, al tiempo que reclamaba un crédito exclusivo por tales avances.

La historia de Cuba ha sido revisada y reescrita de acuerdo con el dogma revolucionario. Los antiguos héroes han sido desacreditados y sustituidos por extranjeros (Marx, Lenin, etc.). Las tradiciones anteriores, por ejemplo, Pascua, Navidad, etc., han sido repudiadas como símbolos opresivos y reaccionarios, mientras que se han impuesto nuevas festividades, todas ellas imbuidas de ideología revolucionaria. Los antiguos lazos emocionales y culturales con las naciones hispanas han sido descuidados o repudiados, a favor de la solidaridad con las naciones socialistas y del Tercer Mundo, cuyas experiencias son ajenas a los cubanos y sus idiosincrasias. La propaganda masiva orientada a cimentar estas nuevas lealtades e ídolos ha creado, a todos los efectos, una nación de amnésicos capaces sólo de repetir infinitamente las nuevas consignas revolucionarias que, cuando son desafiadas, son fácilmente descartadas y abandonadas. Los antiguos amigos se han convertido en enemigos y los antiguos enemigos son conocidos como amigos. Cuba es un país sin recuerdos.

De acuerdo con un informante de treinta y dos años:

Cuba es un borrón y cuenta nueva, pero las borraduras borraron nuestras almas, nuestras vidas, nuestra seguridad, nuestros objetivos, nuestra esencia y nuestra razón de vivir. Nos han dicho: «Estás absolutamente equivocado. No vales nada, todo tiene que ser cambiado. La Revolución es el maestro que te instruirá sobre cómo pensar, razonar y sentir. Tienes que hacer y decir lo que sea que te digamos. Eres incapaz de pensar y actuar por ti mismo.» Han cambiado los nombres de provincias, calles, escuelas, todo. A veces me he preguntado si todo era una pesadilla destinada a volvernos locos a todos. Algunos de nosotros nos volvimos locos, y ¿para qué? Nadie se siente cómodo o en casa porque ya no es nuestra isla, es la isla de la Revolución y de los pocos que son la Revolución.

Las antiguas instituciones de Cuba, su familia, sus amigos, su religión, se han visto destrozadas por la abrumadora intolerancia y las demandas de la ideología revolucionaria.

La imagen personal cubana de la isla, como madre generosa en relación íntima con sus hijos, ha sido destruida. Según un informante de treinta y seis años de origen campesino:

Cuando tenía diez años visité Viñales y en ese lugar experimenté una gran intimidad con Cuba, con sus palmeras, su aire transparente, su suave brisa. Dos años antes de venir, volví a Viñales, pero estaba vacío; no tenía alma.

Otro informante, un hombre de treinta y ocho años, habla de un viaje a Santiago y de cómo, desde el avión, vio una gran cantidad de palmeras siendo arrasadas para hacer espacio para algún proyecto agrícola experimental. Tristemente se dijo a sí mismo: «No queda nada de Cuba. Cuba ahora no es más que una realidad geográfica materialista. Cuba ya no es el dulce hogar de mis antepasados. Cuba ya no nutre, ya no se manifiesta como ella es.»

La percepción romántica y casi mística de Cuba se ha perdido. Un joven informante, estudiante del *Miami-Dade Community College*, comentó con tristeza: «Cuba es una prisión». Otro respondió en respuesta a una pregunta, «¿Estás bromeando? ¿Me estás preguntando si los jóvenes sienten un vínculo íntimo con la isla? Te lo diré. No. Los cubanos ven a Cuba como otro mundo en el que estás encerrado y no puedes salir. No quiero volver nunca más».

Una informante de veinte años comentó que «la gente en Miami adora a Cuba, les apasiona, los cubanos en Cuba no sienten pena por ella, no la aman».

Sobre la base de dicha información, cabe suponer que Cuba está inmersa en un proceso de deculturación en el que la mayoría de las instituciones y tradiciones anteriores no han podido sobrevivir, evolucionar o sincretizar con las nuevas formas de la Revolución. Esta situación es una fuente de gran alienación en la mayoría de la población. Inhibe una integración en torno a un *ethos* o identidad nacional.

2. Congruencia cultural e integración en torno a la orientación de valor. Dado que ha habido un esfuerzo manifiesto para reducir la continuidad cultural y la evolución mediante la interrupción forzosa de las viejas tradiciones culturales, el desaliento abierto de los demás y la imposición de las extranjeras surge la pregunta de hasta qué punto este proceso ha sido exitoso. A pesar de la aquiescencia forzosa al mandato del régimen por la participación en «elecciones libres», mítines masivos y similares, nos corresponde a nosotros evaluar hasta qué punto ha ocurrido una internalización intrínseca de la nueva cultura comunista y cosmovisión «a lo Castro». Además, es importante evaluar el grado de consonancia entre el ideal declarado, el patrón de comportamiento patrocinado oficialmente y los patrones exhibidos y desarrollados por las personas para sobrevivir. Dado que los valores le dan a la cultura un sentido de dirección, de «deber», delinean modelos de conducta e ideales; vale la pena comparar la orientación del valor del régimen de Castro con la del pueblo.

Florence Kluckhohn desarrolló una teoría de las orientaciones de valores y su influencia sobre el comportamiento normativo. Para Kluckhohn, «las orientaciones de valor son complejas, pero definitivamente son patrones (rango ordenado), resultantes de la interacción transaccional de tres elementos analíticamente distinguibles del proceso evaluativo —los elementos cognitivos, afectivos y directivos— que dan orden y dirección al flujo siempre floreciente de actos y pensamientos humanos, ya que se relacionan con la solución de los "problemas humanos" comunes»[58]. Los valores son factores importantes que afectan la visión del mundo de una sociedad, la filosofía y el significado existencial, las expectativas de vida, etc.

---

58 Kluckhohn, Florence R. y Strodbeck, F.L. *Variations in Value Orientations.* New York: Row, Peterson and Co., 1961.

Según Kluckhohn, existen algunos problemas universales que enfrentan todas las sociedades y personas, que pueden resolverse mediante un rango limitado de variaciones. Una sociedad puede caracterizarse por la presencia de una solución dada a un problema específico —la orientación de valor dominante—, pero las soluciones o valores variantes también están presentes y son esenciales para el bienestar.

Kluckhohn identificó cinco problemas universales que toda sociedad debe enfrentar y para los cuales debe proporcionar soluciones. Estos problemas son los siguientes: (a) el enfoque temporal de la vida humana, (b) la relación del hombre con la naturaleza y la supernaturaleza, (c) la forma de la relación del hombre con otros hombres, (d) la modalidad de la actividad humana, y (e) el carácter de la naturaleza humana innata. Los cinco problemas universales de Kluckhohn permiten las posibilidades de tres soluciones diferentes para cada uno de ellos.

Utilizando el marco teórico de Kluckhohn, el Dr. Hazel Weidman y sus colaboradores realizaron una investigación comparativa sobre las orientaciones de valores y las creencias y prácticas de salud de los estadounidenses negros, los bahamenses, cubanos, haitianos y puertorriqueños que residen en el *Dade County*[59]. Esta investigación arrojó datos significativos sobre la naturaleza sincrética de la orientación al valor de la población cubana, ya que ninguna de las soluciones preferidas mostró significativamente en comparación con las otras soluciones variantes. Estos resultados, aparentemente, son característicos de las culturas en transición. Se encuentran en sociedades que se encuentran en un proceso de adaptación a una cultura dominante. Durante el proceso de asimilación se toman prestados algunos rasgos de la cultura dominante, mientras se preservan los valores tradicionales.

---

59 Weidman, Hazel H. y colaboradores. *The Miami Health Ecology Project Report, Vol. 1*. Miami: University of Miami School of Medicine, 1978.

Esto resulta en un sincretismo cultural, el proceso que ha tenido lugar en la isla de Cuba durante quinientos años.

Ningún estudio de orientación de valores se llevó a cabo alguna vez en la Cuba prerrevolucionaria. Las reflexiones sobre este tema y la aparente naturaleza sincrética de la orientación de valor de la Cuba prerrevolucionaria han sido discutidas en otra parte por la autora[60]. Los estudios realizados con algunos grupos hispanos de América Latina muestran instrucciones claras con respecto a la orientación de valores. Sin embargo, la experiencia cubana, siempre rica en contactos culturales y préstamos, muestra una acomodación ecléctica y oportunista y apunta a la naturaleza sincrética de la cultura cubana en una forma sugerida por los hallazgos de investigación del Proyecto de Ecología de la Salud de Miami[61].

Si el proceso de sincretismo cultural, que ha sido una parte tan integral de la experiencia cubana durante los últimos quinientos años, todavía estuviera ocurriendo en la isla hoy, el dogma revolucionario habría sido al menos parcialmente internalizado por la mayoría de la población. Por lo tanto, una investigación orientada al valor arrojaría una preferencia inclinada hacia las soluciones patrocinadas por el gobierno. El segundo orden de preferencia probablemente refleje las soluciones preferidas en tiempos prerrevolucionarios. Tales preferencias hicieron una demostración fuerte en la muestra cubanoamericana de la investigación del Proyecto de Ecología de la Salud de Miami y son compartidas por muchas sociedades latinas.

Sin embargo, aparentemente hay un enfrentamiento no resuelto entre la orientación de valores del sistema comunista oficial y la manifestada por la mayoría de los refugiados de Mariel. Presumiblemente, este conflicto también prevalece en grandes segmentos de cubanos en la isla.

---

60 Sandoval, Mercedes C. «El *ethos* cubano». *Krisis*, Vol. 1, No. 4, 1976, pp. 18-20, 28, 30.

61 Egeland, Janice. *The Miami Ecology Project Report, Vol. II: The Value Orientation Study*. Miami: University of Miami School of Medicine, 1976.

Con respecto a la orientación temporal o el enfoque temporal de la vida humana, cada sociedad evalúa la importancia del comportamiento en términos de mantener las tradiciones del Pasado, considerar las repercusiones Futuras o resolver los problemas Actuales. Las sociedades latinas, característicamente, han mostrado una preferencia pronunciada por la orientación del Tiempo Presente, que la autora asume fue, también, la preferencia en la Cuba prerrevolucionaria. Los hallazgos de la investigación de Miami muestran que la orientación del Tiempo Presente es una preferencia débil sobre la orientación del Tiempo Pasado entre los cubanos del *Dade County*; mientras que el Pasado es débilmente preferido sobre el Futuro[62].

En Cuba, la orientación temporal preferida (que también prevalece en la cultura estadounidense) es la del Futuro. Los sistemas comunistas, con sus economías planificadas, siempre están orientados hacia el Futuro. Sin embargo, los cubanos, a pesar de consignas constantes y propaganda revolucionaria masiva, no han internalizado una orientación de Tiempo Futuro. Esto podría deberse al fracaso de la mayoría de los planes y, además, a que los únicos que planean son los mismos planificadores, que muestran poca simpatía por las opiniones de aquellos para quienes planifican. A cambio, los verdugos del plan, aquellos sobre los que actúan, demuestran grandes sentimientos de falta de control, desconfianza consciente o inconsciente de los planes y una fuerte orientación en el Tiempo Presente, posiblemente más fuerte de lo que era antes de la Revolución. La gratificación inmediata, sin preguntas sobre sus consecuencias, parece ser funcional en una sociedad donde uno no sabe lo que traerá el mañana. Según un informante, «compras con tu dinero lo que sea que consigas, de lo contrario podrías perder la oportunidad de comprar cualquier cosa». Es interesante notar que entre los cubanoamericanos el impacto de la aculturación ha resultado en el sincretismo de la

---

62 Egeland, J., op.cit., pp 121-127.

orientación dominante del valor estadounidense y de su propia cultura de una manera muy ecléctica.

La orientación Hombre-Naturaleza trata de la percepción de una sociedad sobre su relación con el medio ambiente, la naturaleza y la supernaturaleza. Cuando las personas se sienten Subyugadas a la Naturaleza, los humanos se perciben a sí mismos como indefensos cuando se enfrentan a fuerzas naturales y sobrenaturales, una situación que se acepta de manera fatalista. En otras sociedades, los humanos perciben que la naturaleza está ordenada por leyes y principios que, cuando son conocidos por la ciencia, pueden ser aprovechados por la tecnología y puestos al servicio de los seres humanos. Los humanos se ven a sí mismos como Dominando o Controlando sus relaciones con la naturaleza. Sin embargo, en otras sociedades, los humanos se ven a sí mismos como inseparables de la naturaleza y en una relación Armoniosa con ella. Las sociedades hispanas, en general, han mostrado una preferencia hacia la orientación de Subyugación, que la autora cree que también fue preferida por la mayoría de los cubanos en tiempos prerrevolucionarios. Por otro lado, como ya se señaló, los sentimientos profundos de Armonía también estuvieron presentes con respecto a la experiencia física específica de la isla. La investigación con sede en Miami mostró una preferencia débil de Dominio sobre la Subyugación, y este último también muestra una debilidad hacia la Armonía. El dominio sobre la naturaleza es la orientación de valor preferida de las sociedades estadounidenses y comunistas. Los hallazgos de Miami[63] muestran el efecto que tiene la aculturación en la cosmovisión de los cubanoamericanos que toman prestados, de forma ecléctica, algunos de los valores de la sociedad dominante. En contraste, los informantes de Mariel demuestran una orientación de Subyugación definida contraria al régimen comunista. Como ya se indicó, esta ha sido la orientación tradicional en las sociedades hispanas. Sin embargo,

---

63 Egeland, J., op.cit., pp 128-135.

siempre ha implicado la existencia de un abrumador poder místico sobrenatural y la aceptación fatalista del destino impulsado por tales fuerzas. La pérdida de la creencia monoteísta hacia una fuerza sobrenatural, ordenada, justa y sobrenatural ha producido sentimientos insuperables de desesperanza y sufrimiento despiadado sin rasgos redentores. La caótica experiencia cubana, la incertidumbre y la imprevisibilidad de la situación han otorgado mayor credibilidad a esas creencias religiosas, como la Santería, que rinden culto a fuerzas sobrenaturales amorales, caprichosas e impredecibles y utilizan medios mágicos para controlarlas. Como los informantes de Mariel a menudo lo verbalizaban, *La revolución es mucho para un solo corazón* o *Me da lo mismo por Zapata que por la Doce*, en referencia a las calles que convergen en la entrada del cementerio de La Habana.

Una estudiante de veintiocho años y trabajadora de una fábrica declaró que «La gente es rebelde y está frustrada con todos los aspectos de la vida, porque uno es impotente con la Revolución». Agregando, «Todo es lo mismo, una frustración; uno tiene que aturdirse para poder hacerle frente».

La orientación Relacional trata de la naturaleza de las relaciones de una persona con otras personas. Si la sociedad tiene una orientación Lineal, la autoridad que es muy valorada gira en torno a un esquema jerárquico vertical. Cuando una sociedad tiene una orientación Colateral, las personas se relacionan con los demás de acuerdo con una red horizontal y sobre la base de la igualdad y la interdependencia. La orientación Individualista lleva a las personas a relacionarse con los demás de acuerdo con sus propias percepciones e intereses de forma autónoma con poca consideración para los marcos verticales o laterales.

El Individualismo, al estilo español, implica un conjunto diferente de direcciones y percepciones que el Individualismo estadounidense. El Individualismo entre los hispanos es una afirmación del Ser, de la autoestima, de la singularidad que de ningún modo se ve restringida por un interés propio restrictivo. El Individualismo al estilo americano está más orientado al logro de la independencia económica o la autodeterminación. En la mayoría de las sociedades hispanas, la orientación Lineal prevalece. La autora cree que, en la Cuba prerrevolucionaria, a pesar de la fuerte presencia del Individualismo español, las preferencias Lineales y Colaterales fueron más fuertes.

Los hallazgos del *Proyecto de Ecología* de la Salud de Miami de la muestra cubana[64] muestran al Individualismo como una preferencia débil sobre la Colateral que es débilmente preferida sobre Lineal. Una vez más, la orientación Individualista, tan fuertemente preferida en la cultura estadounidense, está teniendo un impacto en la sociedad cubanoamericana. Es una estrategia que, en su contexto, mejora el control sobre sus vidas.

La orientación oficial de la Cuba de Castro es Lineal, enfatizando a Castro como la Autoridad Suprema y encarnación de la Revolución y el único que toma decisiones. La lealtad sin límites, ilimitada e incuestionable se le debe a él, su revolución y la línea del partido. Sin embargo, entre los participantes de Mariel entrevistados, a pesar de su sumisión admitida a la autoridad totalitaria, hubo demostraciones obvias de resentimiento y desafío a la autoridad que consideraban abusivas, opresivas y no gratificantes. Esta actitud hacia la autoridad se extiende a otras áreas fuera de la política, incluidos los padres, los ancianos, los maestros y todos los símbolos anteriores de autoridad, experiencia y sabiduría. La Resistencia, al estilo cubano, se ha manifestado en la pobreza o la falta de colaboración con el sistema autoritario. Esto es provocado por la mera frustración o el deseo consciente de sabotear el antiguo axioma hispano, *Obedezco pero no cumplo*. El Individualismo egoísta es la orientación preferida en Cuba; sin embargo, simplemente facilita la supervivencia desnuda, como se refleja en la expresión *Sálvese quien pueda*.

---

64 Egeland, J., op.cit., pp. 114-121.

Curiosamente, entre los entrevistados, la orientación Colateral sigue siendo fuerte a pesar de la prevalencia de desconfianza y paranoia expresada por muchos informantes que dijeron: «Si te metes en problemas, nadie te va a ayudar; *cualquiera te echa palante*». El individuo todavía busca la compañía de otros para ganar algunos sentimientos de apoyo incluso de personas en las que no necesariamente confía. Sin embargo, una orientación Colateral, que fomenta la interdependencia, no es la preferencia más viable en una sociedad donde la desconfianza tiene un valor de supervivencia. Entre los cubanoamericanos, por el contrario, el *Colateralismo* ha sido la base de la red económica, social y política, y ha mejorado enormemente el proceso de adaptación cubanoamericana.

La orientación de Actividad trata de la forma en que una sociedad percibe y evalúa el comportamiento de las personas de acuerdo con la manera en que se manifiesta. La orientación de Hacer implica que la sociedad valora el uso del tiempo dedicado a actividades con resultados mensurables. Por otro lado, aquellas sociedades que están orientadas al Ser le dan gran valor a actividades que son manifestaciones de los anhelos y expresiones existenciales de un individuo. Las sociedades hispanas han mostrado tradicionalmente una preferencia hacia la orientación al Ser que, en cierto modo, no es más que un reflejo del individualismo de estilo hispano: «Yo soy como soy, hago lo que quiero, soy el Rey en mi casa; soy quien soy, y no voy a cambiar».

La autora cree que el Ser era la orientación prevaleciente en la Cuba prerrevolucionaria donde la gente comentaba: *Hay que trabajar para poder vivir*, contrario a vivir para el propio trabajo. La muestra del *Proyecto de Ecología* de la Salud de Miami[65] muestra una preferencia débil por hacer por encima del Ser, debido a la adopción cubanoamericana de la orientación de valores de la cultura estadounidense dominante. En contraste, la ideología comunista

---

65 Egeland, J., op.cit., pp 136-142.

se opone» drásticamente al Ser individualista y exige una fuerte orientación de Hacer: voluntariado, reuniones revolucionarias, horarios de trabajo prolongados, etc. Los entrevistados de Mariel desafían ambas opciones, no están orientados al Hacer (lo que no trae recompensa material o moral) ni están orientados al Ser con características introspectivas y de búsqueda del alma que el comunismo percibiría como comportamiento egoísta, narcisista, posiblemente disidente y antirrevolucionario. La gente en Cuba, más que Ser o estar orientada a Hacer, son escapistas. Según una informante de veintiséis años, «la gente en Cuba se pasa la vida *masajeando*. Es desvergonzado. No obtienes ninguna recompensa por tus esfuerzos, así que haces lo mínimo. Sin embargo, allí siempre estamos cansados debido a las constantes molestias, líneas, largas esperas, etc. La vida es dura, y uno está involucrado en actividades constantes y atascos que, al final, no producen nada».

La orientación de la Naturaleza Humana aborda las percepciones de la sociedad sobre las cualidades humanas innatas en términos de bondad o maldad esenciales. Las sociedades que definen a los seres humanos como innatamente Buenos tienen una visión optimista de la naturaleza humana, percibiendo al hombre como bueno y racional, pero susceptible de ser corrompido. Aquellas sociedades que prefieren la orientación del Mal perciben al hombre como básicamente malo pero perfectible. Si la orientación de la sociedad es neutral, el hombre se percibe como ni Bueno ni Malo, sino bastante susceptible a las influencias circunstanciales tanto buenas como malas. Las sociedades hispanas y católicas mediterráneas, en general, han tenido una orientación neutral. La autora cree que esta orientación fue preferida en la Cuba pre-rrevolucionaria[66].

En la Cuba de Castro, la línea oficial se basa en una dicotomía irreal entre *Superbuenos* y *Supermalos*. Los revolucionarios y los

---

66 Para más información sobre la personalidad cubana ver: Sandoval, Mercedes C. «El *ethos* cubano», op. cit.; «El caso de la embajada del Perú y el Mariel». *Reencuentro Cubano*, 1981, pp. 26-27.

comunistas son buenos, puros, desinteresados y modestos; mientras que los contrarrevolucionarios y los capitalistas son agentes del mal, egoístas y destructivos. Aquellos entrantes de Mariel entrevistados no percibieron la Naturaleza Humana como símbolos dicotomizados de la lucha de clases dialéctica marxista, sino como Buenos y Malos con la primacía de los elementos malvados. Se considera que el hombre no tiene principios. El mundo es percibido como Malo y también los hombres, pero son excusables debido a las circunstancias de la vida. «Encuentran excusas para justificar todo», dijeron los informantes. La autora cree que en el pasado los elementos buenos superaron en número a los negativos. El cambio con respecto a esta percepción podría deberse al hecho de que, en Cuba, prácticamente todos han sido obligados a participar en algún tipo de comportamiento antisocial. «Todos roban en Cuba. Robar es parte de sobrevivir. El carnicero roba carne, el tendero roba materiales, etc. Es como una conspiración, todos se cubren. Puedes robar todo lo que puedas del gobierno, que lo perciben como lo correcto, porque el gobierno es el ladrón más grande de todos».

Por otro lado, el sistema comunista etiqueta como comportamiento antisocial o inapropiado (que podría llevar al castigo y al ostracismo) todo tipo de actividades. Estos incluyen intentos de abandonar la isla, profesar abiertamente una fe religiosa, no cooperar con el gobierno, etc., actividades que la gente no considera necesariamente erróneas. Esto genera sentimientos paranoicos hacia el mundo e incluso una mayor dependencia de la compasión empática tradicional cubana para justificar el error. El sistema, que castiga y repudia rígidamente cualquier conducta que considere inapropiada, es el mismo sistema que ha fomentado una mentalidad de robo mediante el saqueo de las posesiones dejadas por más de un millón de personas que abandonaron la isla. Es un sistema que no puede dejar de provocar en aquellos que lo soportan, percepciones muy negativas sobre el mundo y motivarlos para vencer a un sistema que los obliga a robar, los alienta a exponer a los demás y cometer todo tipo de agresiones contra aquellos que han caído en desgracia. No es sorprendente que la visión de la naturaleza humana en Cuba sea cada vez más oscura.

La gran disparidad que existe entre la orientación de valor preferida del gobierno de Castro y la del pueblo, sugiere que la ideología comunista que se ha impuesto al pueblo cubano solo se soporta y no se internaliza. El rechazo del comunismo a algunas tradiciones y valores cubanos ha obstaculizado el proceso de sincretismo que podría haber garantizado el cumplimiento y la consonancia cultural.

3. Carácter nacional

a) Rasgos de carácter nacional precastrista. Durante el proceso histórico cubano, algunas características sobresalientes de la personalidad cubana llegaron a ser identificables, a pesar de que no todas eran compartidas universalmente por todos los segmentos de la población. En general, los cubanos, como la mayoría de los hispanos, estaban orientados a las instituciones primarias como fuente de seguridad, apoyo y lealtad. La familia extendida bilateralmente era la institución más importante, e impregnó la vida de cada individuo. El concepto de familia en Cuba incluía a todos los parientes, suegros, amigos e incluso vecinos. Lingüísticamente, esto se reflejó en el uso del término *familia* al saludar y referirse a las personas queridas y amadas y a quienes se extendieron los privilegios y obligaciones de los parientes. La fuerte orientación familiar estaba vinculada a la gran importancia dada a la amistad. A los cubanos se les enseñó a «cultivar» amigos. *Ser amigo de sus amigos* era considerado un signo de totalidad, confiabilidad, desinterés. Esta orientación convirtió al cubano ideal en un compartidor de recursos y amor. En algunos casos, y comprensiblemente, justificó el nepotismo. El tratamiento familiar también se extendió a los vecinos, siguiendo el antiguo axioma español, *¿Quién es tu hermano? Tu vecino más cercano.*

El personalismo, la necesidad de relacionarse en términos personales y evitar relaciones y situaciones impersonales, estaba relacionado con la orientación familiar. El personalismo enfatizaba la confianza en las personas conocidas y la desconfianza hacia las instituciones y leyes que eran demasiado abstractas e impersonales. A los cubanos, como a la mayoría de los hispanos, se les enseñó a ser muy sociables y «abiertos», compartiendo con personas que conocían, información sobre sus vidas personales, aspiraciones, etc. En este tipo de cultura, las personas eran juzgadas según su comportamiento con familiares y amigos y no por su vida pública o desempeño en los negocios. *El que no quiere a su madre no quiere a nadie* fueron expresiones usadas con personas que no fueron apreciadas, no confiables y rechazadas, incluso si fueron exitosas. Se exigía la lealtad a las relaciones personales, incluso cuando se reflejaba en un comportamiento que no beneficiaba a la comunidad ni a la persona en sí. *Ser fiel hasta la muerte* fue admirado.

En tal cultura, la vida se ve como una interacción con otras personas. Para disfrutar la vida, los demás también deben disfrutarla. De lo contrario, hay un desequilibrio. Las cosas no están del todo bien. La desgracia caerá sobre aquellos que se interesan por sí mismos. Por lo tanto, la generosidad fue muy admirada, incluso cuando se demostró en exceso. La gente hablaba con admiración de personas excesivamente generosas que daban fiestas y querían *tirar la casa por la ventana*. Muchos afirmaron que *El dinero se hizo redondo para rodar* o *Tengo hoyos en los bolsillos* o *El dinero me pica en las manos* para expresar su percepción de que el dinero debía ser usado, no acumulado. Por lo tanto, una persona que era *botarate* gustaba si la usaba con familiares y amigos. Aquellos que lo usaron en sí mismos fueron vistos como egoístas y tacaños.

Los cubanos admiraban a las personas que mostraban empatía y compasión por los demás. Siempre subjetivos, emocionales y sentimentales, los cubanos siempre tenían excusas para las personas en situaciones difíciles o para quienes experimentaban mala suerte. Esto tenía que ver con su percepción de la fragilidad de la naturaleza humana y la conciencia de la vulnerabilidad y la mortalidad humanas. Los cubanos, por lo tanto, tendían a ser indulgentes al juzgarse a sí mismos y a los demás, siempre buscando circunstancias atenuantes para justificar los defectos humanos. *Me da pena con* tal o cual cosa, porque él no tiene un trabajo, o es alcohólico, o está malhumorado y no puede evitarlo. *Fulano es un buenazo, un infeliz* y, por lo tanto, me identifico con él, aunque no haga nada bien. Esta orientación se refleja en el pasatiempo nacional de *tirar la toalla* para aquellos que parecen estar al final de la cuerda. Estas características reflejan una actitud muy flexible y no rígida hacia una naturaleza humana tanto buena como mala, conflictiva, pero en equilibrio. Lingüísticamente, esto se expresa agregando el *ito* diminutivo a los sustantivos y nombres de personas de las que nos sentimos protectores, como los niños; por ejemplo, Juanito o grupos étnicos, por ejemplo, *negrito, chinito* o una categoría particular de personas, por ejemplo, *Marielitos*.

En resumen, para ser respetados y admirados, se esperaba que los cubanos fueran amistosos, generosos, extrovertidos y amantes de la diversión. En otras palabras, tenían que ser *campechanos* o *buena gente* incluso cuando otros pudieran sacar provecho de su generosidad y apertura.

Los cubanos tenían una actitud casi mística hacia la vida. Hubo una aceptación fatalista de la opinión de que los hombres estaban sometidos a fuerzas sobrenaturales. Aunque la religión organizada no canalizó a fondo este rasgo nacional, los cubanos estaban preocupados por su propia mortalidad, la vida futura y la interacción entre la vida y las fuerzas místicas. Esta actitud cultural es responsable del crecimiento de complejos religiosos afrocubanos y de la experimentación con sistemas religiosos distintos al catolicismo. Los cubanos creen en la suerte como un factor que afecta la vida humana. El éxito se atribuyó a la suerte más que a la diligencia, lo que, por supuesto, hizo que el fracaso fuera más tolerable que en las sociedades cuando se asume el control de la naturaleza. *El pobre fulano no tiene suerte*, que expresaba empatía por una persona sin trabajo, habilidades, etc. La creencia prevaleciente en el *Mal de ojo* era parte de la experiencia cubana, y dio lugar a expresiones ambiguas como *No creo en la brujería, pero la respeto.*

Otro aspecto del carácter nacional ideal era tener un buen sentido del humor, participar y apreciar el intercambio de chistes. El humor se expresaba de dos maneras distintas: el *choteo*, que era la forma individual de canalizar la agresión de una manera socialmente aceptable, y el *relajo*, que era un medio colectivo y defensivo de expresar la frustración y liberar el dolor utilizando el arte de la risa, incluso a costa propia.

Estrechamente relacionada con estos rasgos estaba la cualidad de ser *simpático*. Este término no implica ser comprensivo sino ser ingenioso, divertido y *tener tabla*. La frase, en Cuba se puede ser todo menos *pesao*, se usaba comúnmente para expresar admiración por la personalidad simpática y excesivamente sociable en la medida en que se despreciaba cualquier rasgo antisocial perjudicial.

La personalidad cubana también se caracterizó por un pronunciado hedonismo, que hacía hincapié en el disfrute de lo que la vida tiene para ofrecer, a veces incluso en exceso. El sustantivo-verbo *embullo*, acuñado en la isla, expresó la experiencia deseable de ser barrido por el ánimo entusiasta del grupo. Al referirse a individuos que no compartían esta característica se dijo —si fuera una buena persona—, *el pobre fulano ni canta ni come fruta*, lo que significa que no disfruta de la vida. Si, por el contrario, se consideraba que un individuo era egoísta, carente de sentido del humor o antisocial, se lo llamaba *casa sola*. Además, la palabra *sabrosa* logró en Cuba, a través de usos frecuentes y múltiples, el epítome de la connotación hedonista, que significa agradable, deseable, abundante y satisfactorio.

La *novelería* cubana desencadenó la curiosidad externa sobre el modo de vida de otras personas y el deseo de adoptar otros idiomas, palabras o rasgos culturales. La *novelería* podría interpretarse como una indicación de falta de identidad nacional. También podría verse como un afán de adoptar, de forma ecléctica, todo lo que se percibe como positivo. Esta necesidad de estar *en algo, en la última, no perderme nada,* define a los cubanos como personas para todas las estaciones, adaptándose a los cambios que su experiencia accidental les depara. Esta postura algo oportunista tiene un valor de supervivencia en la medida en que prepara al grupo para el préstamo cultural: bilingüismo, biculturismo y multiculturismo.

El individualismo, entendido como autoestima y como sensación de plenitud del yo, también prevalecía en la cultura cubana. Ha funcionado para disminuir los efectos de cualquier comentario discriminatorio de otros grupos étnicos. El individualismo y el personalismo garantizaban que cualquier persona, independientemente de su origen económico o racial, tenía derecho al respeto y podía desarrollar un ego fuerte. *Soy pobre pero honrado* fue una declaración de orgullo en uno mismo que provocó la aprobación social. El individualismo extremo también apoyó las características anárquicas manifestadas en el deseo nacional de *hacer lo que me da la gana* y en la complacencia a veces negativa de *Ser como soy y quiero ser,* sin mucha preocupación por las consecuencias.

Aparentemente en contradicción con el individualismo, pero en línea con el autoritarismo y el personalismo, estaban las actitudes cubanas hacia los líderes, que apoyaban el seguimiento leal de los *caudillos.* Los líderes percibidos como personalidades fuertes suscitaron lealtad extrema, que, sin embargo, no los eximió de la crítica. Por lo tanto, los cubanos no se veían a sí mismos como miembros de un partido político o alineados con un tema sino, en cambio, principalmente como seguidores y amigos de un individuo. *Grausistas, Batistianos, Fidelistas,* eran términos que denominan a los seguidores de un presidente o líder. Las personas, en lugar de las instituciones, obtuvieron apoyo.

El *caudillismo* extremo incluía una percepción mágica de los procesos políticos que se manifestaba en el mesianismo. Cuba siempre fue vista como merecedora de un líder místico que iba

a traer felicidad y plenitud. Por lo tanto, la gente cantaba, *Aquí
falta señores una voz* o *Martí no debió de morir*.

Además de estas generalidades sobre el carácter nacional y la
idealización del *campechano*, había al menos otros tres personajes
comúnmente reconocidos. A pesar de que no eran precisamente
personajes de la corriente principal, fueron actores importantes en
el drama nacional. Uno de ellos era el *Guajiro*, un individuo pobre,
estoico, tímido, socialmente torpe, algo ingenioso pero desconfia-
do y alineado, que siempre permaneció como una figura en gran
medida desconocida y marginal. Los *Guajiros* son las personas que,
en retrospectiva, se beneficiaron más de la Revolución de Castro
y que posiblemente estén más en conformidad con el sistema[67].

Un segundo personaje fue el *Gallego* austero, obstinado, traba-
jador, responsable y ahorrativo. El gallego era un individuo bon-
dadoso, orientado a la familia y amistoso, que no participó en el
hedonismo y el humor cubanos. El hecho de que estas cualidades
gallegas se atribuyeron a todos los españoles sugiere que estos
aspectos del carácter cubano se percibían como de origen español.

El tercer personaje fue el *Bicho*[68]. Este individuo muy astuto era
capaz de engañar y seducir a los demás con su ingenio y sentido
del humor. Él podía, y lo hacía a menudo, salirse con la suya con el
asesinato. Este oportunista voluble e irresponsable se aprovecharía
de la credulidad, la debilidad o el buen corazón de otras personas.
Este tipo de persona suscitó cierta admiración a pesar de su falta
de integridad. Estos dos últimos personajes de contracultura, el
Gallego y el *Bicho*, uno que expone las cualidades socialmente

---

67 En 1959, muchas zonas rurales de Cuba seguían aisladas a pesar de que más
del 45 por ciento de la población total era rural. Hoy en día, el aislamiento
sigue prevaleciendo y las condiciones de vida distan mucho de ser satisfac-
torias. Sin embargo, la educación pública y los servicios de salud, de hecho,
han llegado a estas áreas marginales. Sandoval, M. «El *ethos* cubano», op.cit.

68 Existe documentación en la literatura española de una tradición picaresca
de contracultura en España que se remonta al siglo XV. Estas son personas
fugaces y alienadas que se salen con la suya mediante el engaño y la osadía,
y que siempre eluden la ley.

más constructivas del *ethos* cubano, y el otro las cualidades más antisociales, eran las costas opuestas entre los que navegaban los cubanos, como grandes marineros.

b) Carácter nacional y Castro. *La revolución de Castro ha tenido un gran impacto en el carácter nacional cubano al desalentar los rasgos de personalidad previamente admirados y fomentar otros que entran en conflicto con el mismo.* Por lo tanto, las virtudes anteriores —personalismo, individualismo, flexibilidad, compasión, familiaridad y hedonismo— se han convertido en defectos; mientras que, a la inversa, rasgos que en el pasado se consideraban defectos —*chivatear*, rigidez, venganza, etc.— se han convertido en virtudes revolucionarias. El dogmatismo revolucionario requiere una rigidez crítica, analítica y emocional. Desde tiempos revolucionarios tempranos, consignas amenazantes han expresado ortodoxia estrecha como, *Con la Revolución o en contra, Patria o Muerte.* Estas consignas amenazantes ilustran el rechazo de acciones ilustrativas de compasión, comprensión y el «tirar la toalla» característico de los cubanos.

La imagen de Cuba como una madre comprensiva y cuidadosa ha sido abandonada en favor de la Revolución, que es impersonal, exigente, productora de culpas, no cuidadosa y crítica. Dado que el concepto de la Revolución es demasiado abstracto para que muchos puedan comprenderlo, es importante identificar los rasgos de personalidad de Castro, que es su única encarnación. El culto excesivo a la personalidad de Castro necesariamente afecta la comprensión de sí mismo de otras personas y su propia evaluación fenomenológica de la Revolución. Sin embargo, la personalidad exaltada de Castro solo puede servir como un modelo a seguir para que otros lo sigan, porque su comportamiento característico presupone poder ilimitado.

Castro es indudablemente la persona más admirada de la isla. Algunos de sus rasgos de personalidad están en línea con los de otros *caudillos* latinos: su audacia, sus maniobras inquietantes, su impredecibilidad, sus accesos de ira y su bullicio, son cualidades típicas del *Macho*. Lo llaman *El machazo de la película*. Sin embargo, carece de los rasgos más humanos y personalistas del *caudillo* y el *campechano*[69]. Poco se sabe de su vida personal. Él no es percibido como un hombre de familia: *Él no quiere ni a su madre*. La gente lo ve como incapaz de amar a una mujer lo suficiente como para casarse con ella. Él es, en parte, responsable de la creación de esta percepción debido a su afirmación frecuente de que la *La revolución es mi novia*. Él es percibido como imparcial a la familia y amigos y ser incapaz de tener compasión, porque él no perdona ninguna fechoría: *Él no cree en nadie*. El destello de generosidad de Castro se expresa de una manera institucionalizada e impersonalizada. Sin embargo, exige un reconocimiento público como se expresa en el abusado *slogan*, «Gracias Fidel».

El exagerado culto a la personalidad de Castro le atribuye características casi místicas entre sus seguidores. Muchos de los *Incondicionales* lo ven como un Dios y, a través de él, viven y disfrutan de experiencias vicarias de dominio y audacia. Lo bañan con un misticismo profano como si fuera un redentor. Él es el líder que ha colocado a Cuba en el mapa y *Ha puesto a gozar a los americanos*. Su bullicioso abuso de los Estados Unidos mitiga los sentimientos de inferioridad que sienten los segmentos de la población cubana. Estos sentimientos habían sido fomentados en el pasado por la mano dura de los intereses estadounidenses en la vida política y económica de la isla.

Los informantes de Mariel sugieren, también que, entre muchos campesinos, que constituían un segmento grande y alienado de la población cubana antes de la Revolución, la personalidad de Castro tenía cualidades mesiánicas aún mayores. Ven a Castro como un benefactor que les ha dado oportunidades inimaginables a sus hijos. Entre estos seguidores, se expresan sentimientos

---

69 Castro mantiene su vida privada lejos del ojo público. Sin embargo, mucho se ha escrito sobre la forma en que sus experiencias tempranas de la vida, su turbulento pasado familiar, su infeliz infancia y adolescencia, etc., afectaron su personalidad. Ver Álvarez Díaz, J., op. cit., pp. 456-488.

de lealtad ciegos y exultantes, que pasan por alto todas las fallas de la Revolución y los defectos de su carácter. El siglo xx ha sido testigo del surgimiento de líderes carismáticos similares en casos de ambigüedad nacional o incongruencia cultural. Tales líderes, como Castro, han explotado los sentimientos de inferioridad y desaliento y han impulsado a los seguidores hacia sueños irreales de destino étnico. Entre sus seguidores, sin embargo, también hay personas que no son extremistas y que ven la Revolución de una manera más realista, evaluando sus logros y errores de manera más objetiva.

Sin embargo, el culto a la personalidad está presente incluso entre los enemigos de Castro que, con admiración, lo describen como un «genio del mal» y lo ven como un líder carismático y brillante que utiliza su inteligencia para manipular personas y situaciones.

Los *Marielitos* confirman que hay muchos cubanos que, a pesar de estar ideológicamente opuestos a Castro y su revolución, pueden responder a él, momentánea y emocionalmente, con fervor. Durante un mitin, esas personas pueden sentirse con Castro y compartir las fantasías de sus sueños y sus palabras persuasivas de la grandeza de Cuba como una nación revolucionaria. Momentos después, cuando las emociones se desvanecen, lo ven a él y a sus mentiras por lo que son.

Según los informantes, la mayoría de las personas tolera a Castro o lo ignora, mientras grita consignas en los mítines revolucionarios. Muchos sienten atracción y repulsión por su personalidad, que tiene muchas características en común con el contracultural *Bicho*. El clásico *Bicho*, a través de la astucia, las maniobras audaces e inquietas y la ostentación consigue lo que quiere. Castro, el embaucador, «se las sabe todas», «es el que más dice» y «se mete donde le da la gana, es un fresco».

Castro es percibido por muchos como la personalidad histriónica que evoca reacciones histéricas colectivas, impulsadas por su elocuencia y, también, las señales de los organizadores de la manifestación. Otros creen, sin embargo, que Castro, en la mayoría de los casos, no está en contacto con la realidad, porque él cree en sus propias mentiras y en sus ilusiones. El engaño es tan grande y generalizado que no hay diálogo. La máscara que usa, así como la que usan sus seguidores y todos los que soportan la revolución, se ha vuelto permanente.

Es apropiado intentar evaluar la identidad nacional presente y futura de Cuba a la luz de la información brindada por los informantes de Mariel. Esto brinda la oportunidad de considerar cuáles podrían ser las posibilidades para que el pueblo cubano logre una identidad nacional en torno a un *ethos* que integre a la mayoría de la población —un *ethos* que convertiría a los cubanos en actores en vez de actuar sobre ellos— y lo haría permitiéndoles establecer objetivos nacionales realistas y congruentes con el valor en lugar del mero cumplimiento y la conformidad sin esperanza con los objetivos identificados por el sistema totalitario.

Es evidente que los esfuerzos de la Revolución para integrar al pueblo cubano en torno al comunismo «a lo Castro» han tenido un éxito dudoso. Indudablemente, Castro no tuvo éxito en reclutar a la antigua clase media, un grupo que intentó llegar a un acuerdo con la identidad nacional y los objetivos. La mayoría de la clase media ha abandonado la isla (más de un millón).

El número de *fidelistas* en la isla es difícil de estimar. Sería presuntuoso suponer que sus filas están engrosadas por la totalidad de los grandes segmentos de la población rural que fueron marginales en la época prerrevolucionaria o por aquellos segmentos urbanos que fueron alienados. Es obvio que, después de 25 años de la Revolución, prevalece el descontento con el sistema, al menos entre los habitantes urbanos de bajo a medio nivel socioeconómico, como lo atestigua el perfil demográfico de las personas que abandonaron la isla durante el éxodo del Mariel. También es necesario considerar el posible impacto que la promoción de Castro de una infraestructura educativa (alta tasa de alfabetización, seis años obligatorios de escolaridad y oportunidades educativas más amplias para los campesinos) ha tenido en esta población rural[70]. Un informante de la extracción rural empobrecida indicó que él y sus compañeros de escuela habían sido fervientes revolucionarios. Aquellos que fueron a la Universidad comenzaron a sentirse incómodos y descontentos con la falta de libertad y la ausencia de incentivos económicos y oportunidades profesionales que ofrecía la Cuba de Castro. Por lo tanto, se puede suponer que estas personas son tan susceptibles como la antigua clase media fue a la atracción del señuelo de 90 millas. Miami se ha convertido para los cubanos en la isla en un faro para los descontentos del comunismo de Castro, que lo ven como la tierra prometida de innumerables oportunidades de libertad, experiencia y recompensas. El eje Miami-Cuba es una variable muy real al considerar el destino de la isla.

Es muy cuestionable que los *fidelistas* o incondicionales más apasionados, que no cuestionan nada y lo aceptan ciegamente todo, sean capaces de integrar o asimilar cualquier doctrina que propugne su imprevisible *Máximo Líder*. Aparentemente, la Revolución no espera ni les permite ser parte de la identificación de los objetivos nacionales o del diseño de los productores para lograrlos. Tales seguidores ciegos son incapaces de contribuir a la identidad nacional y al destino. Solo son capaces de cumplir con los caprichos de los líderes al rendirse totalmente a su fuerte personalidad y poder político. Esta interacción inhibe el desarrollo del sentido de autoestima de una persona y sus sentimientos de autodirección.

Además de los *Incondicionales*, hay dos tipos de personajes que han surgido con rasgos de personalidad específicos y estrategias

---

70 Esto es importante a la luz de una tendencia que ha continuado en el período Revolucionario, por el cual los campesinos se trasladan a las áreas urbanas. Según Susan Schroeder (op.cit., p. 56), la población urbana ha crecido del 52.1 por ciento en 1960 al 64.4 por ciento en 1980. Las estimaciones para el año 2.000 son que llegará al 73.3 por ciento.

que les han permitido tratar con la Cuba de Castro: el oportunista *Bicho* o *Vividor* y la *Máscara* escapista. Estos dos tipos de personalidad, cuya única aspiración es sobrevivir, están mal equipados para enfrentar los problemas y desafíos que enfrenta un país subdesarrollado; un país que sufre de estancamiento económico, gran crecimiento de la población, aislamiento de los mercados naturales, ostracismo de muchos de sus pares culturales en Hispanoamérica, así como conflictos autogenerados con su vecino poderoso y que le estableció el ritmo.

La Revolución no ha logrado hacer que los cubanos se identifiquen con las naciones del Tercer Mundo y desarrollen un nuevo *ethos* de acuerdo con la alineación del gobierno de Castro. Los informantes, que habían sido fieles seguidores de Castro, una y otra vez, comentaron amargamente: «El Tercer Mundo es un atraso, una mierda. De ahí no se saca nada». A estas observaciones casi siempre siguió un comentario sarcástico sobre cómo se sienten los cubanos cuando Castro anuncia nuevas medidas de racionamiento necesarias porque ha donado un hospital o escuela secundaria a algún país «merecedor» del Tercer Mundo. Piensan que la alineación de Castro con el Tercer Mundo se debe solamente a su necesidad personal de gloria, poder y reconocimiento mundial. Creen que Castro siempre está dispuesto a sacrificar los intereses de Cuba por sus objetivos personales y por los designios de Rusia.

Los cubanos ven a Rusia con una mezcla de miedo y desdén. Perciben a los líderes rusos como políticos expertos que saben lo que se debe hacer para alcanzar la supremacía mundial. Sin embargo, ven a los rusos ordinarios como robots. Los llaman *bolos* que caen en cualquier dirección en que se los tire. A los rusos se los percibe como personas carentes de humor y mórbidas que carecen de habilidades sociales y no pueden bailar, divertirse o vestirse bien. Son resentidos porque son unos *pesados*. Una broma popular dice que los rusos son las únicas personas que pueden nadar en el océano abierto, porque ni siquiera los tiburones se interesarían o se molestarían en comérselos.

En contraste, y, a pesar de la propaganda oficial contra los Estados Unidos, parece haber una creciente admiración, especialmente entre los jóvenes, por las cosas estadounidenses. La música estadounidense, las viejas películas americanas, los bailes y el atuendo estadounidense son muy valorados. A pesar de que los estadounidenses son percibidos como políticamente ingenuos, son admirados como grandes tecnólogos capaces de destreza científica y productores de bienes que superan a los de cualquier otra nación. El conflicto entre Estados Unidos y Rusia deja a los cubanos muy aprensivos, porque no se atreven a imaginar un mundo dominado por este último. Una vez más, el mito de las 90 millas y el contacto constante pesan mucho en la experiencia de la isla, a pesar del dogmatismo político en sentido contrario.

Parece imposible para los cubanos, por lo tanto, identificarse con las culturas del Tercer Mundo y las naciones socialistas. Si este es el caso y se sigue imponiendo el comunismo de Castro en la isla, el gobierno no tiene más remedio que seguir utilizando las prácticas terroristas, en las que sobresalen, para garantizar el cumplimiento por parte de grandes segmentos de la población. Por lo tanto, los *Incondicionales* continuarán aceptando sumisamente el liderazgo de Castro; los *Bichos* continuarán sobreviviendo marginalmente; y las *Máscaras* continuarán escasamente a la altura, sin ser capaces de definir su propia identidad, mucho menos un *ethos* nacional. Todos ellos, sin embargo, y en diferentes momentos, seguirán siendo susceptibles al descontento que la presencia de Miami tanto estimula.

A pesar del éxito de la Revolución en la distribución de recursos de una manera más equitativa; es decir, convirtiendo a los muy pobres en menos pobres y la clase media en pobres, Castro podría, concebiblemente, darse cuenta del estancamiento económico que trajo la Revolución. Esta toma de conciencia, además de la presión del gobierno estadounidense y las sanciones económicas, podría llevarlo a continuar tratando de establecer relaciones económicas y diplomáticas con los Estados Unidos.

Tal movimiento en la actualidad es alentado por la exitosa reducción de sus aventuras internacionales y por la esperanza de Castro de que el levantamiento del bloqueo le daría a Cuba acceso a mercados más rentables y permitiría mayores posibilidades económicas y de desarrollo. Si esto sucediera, los factores geopolíticos y económicos, junto con el crecimiento del descontento, podrían asestar golpes mortales a su estilo y sistema totalitarios.

De una manera u otra, sobre la base de la discontinuidad dramática en la evolución cultural de Cuba, el conflicto de valores entre el gobierno y la gente que obstaculiza el sincretismo cultural y la aparición de tipos de personalidad con imágenes débiles de autoestima y poca integridad personal, debe concluirse que los cubanos en la isla de hoy son personas que no tienen una identidad nacional.

La Doctora **Mercedes Cros Sandoval** es Profesora de Antropología y Ciencias Sociales en el Campus Norte de Miami Dade Community College y Profesora Adjunta del Departamento de Psiquiatría de la Universidad de Miami en Coral Gables, Florida. Reconocida a nivel nacional e internacional por sus investigaciones y publicaciones sobre la manera en que los sistemas mágico-religiosos y los factores culturales afectan la salud mental.

Nacida en la provincia de Oriente, Cuba. Sandoval ha vivido y viajado extensamente a través de América Latina, el Caribe y España. Estas experiencias de viajes, unido a muchos años de docencia e investigación en Miami, le posibilitaron expresar e interpretar la cultura hispana y caribeña de maneras únicas y atractivas. Conocedora y estudiosa de los procesos sociales contemporáneos, la formación académica del Dr. Sandoval se la debe a la graduación en la Universidad de La Habana, la Universidad Estatal de Florida y la Universidad de Madrid.

Ediciones Exodus

La segunda edición de
El *Mariel y la identidad nacional cubana* de Mercedes Cros Sandoval
se realizó entre Barcelona y Miami
en enero de
2019